L'AMANT
DE
MA FEMME,

Roman de Mœurs,

PAR

MAXIMILIEN PERRIN,

Auteur de l'Amour et la Faim, de la Fille de l'Invalide, de la demoiselle de la Confrérie, des Mauvaises Têtes, de la Servante Maîtresse, etc.

I

CHARLES LACHAPELLE,
RUE SAINT-JACQUES, 75.

1838.

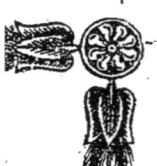 

L'AMANT
DE MA FEMME.

Ouvrages de Maximilien Perrin.

LA DEMOISELLE DE LA CONFRÉRIE, 2 vol. in-8.	10 fr.
LA GRANDE DAME ET LA JEUNE FILLE, 2 vol. in 8.	10
LA FILLE DE L'INVALIDE, 2 vol. in-8.	10
L'AMOUR ET LA FAIM, 2 vol. in-8.	10
LA SERVANTE MAITRESSE, 2 vol. in-8.	10
LES MAUVAISES TÊTES, 2 vol. in-8.	10
LE MÊME, 2ᵉ édit. 4 vol. in-12.	12
LE PRÊTRE ET LA DANSEUSE, 4 vol. in-12.	12
LA FEMME ET LA MAITRESSE, 4 vol. in-12.	12
L'AMANT DE MA FEMME, 2 vol. in-8.	10
SOIRÉES D'UNE GRISETTE, 4 vol. in-12.	12

Romans de E.-L. Guérin.

LES NUITS DE VERSAILLES ou *les grands Seigneurs en deshabillé*, 4 vol. in-8.	20
LES DAMES DE LA COUR, Mademoiselle de Charolais et la Marquise de Prie, 2 vol. in-8.	10
UNE DAME DE L'OPÉRA, 2 vol. in-8.	10
LE ROI DES HALLES, *deuxième édition*, 4 vol. in-12.	12
LE MARI DE LA REINE, *deuxième édition*, 4 vol. in-12.	12
LE MARQUIS DE BRUNOY, 2 vol. in-8.	10
LE TESTAMENT D'UN GUEUX, 2 vol. in-8.	10
MAGDELEINE LA REPENTIE, 2 vol. in-8.	10
LA MODISTE ET LE CARABIN, 2 vol. in-8.	10
UNE FILLE DU PEUPLE ET UNE DEMOISELLE DU MONDE, 2 vol. in-8.	10
UNE ACTRICE, 2 vol. in-8.	10
LA FLEURISTE, 2 vol. in-8.	10
LE SERGENT DE VILLE, 2 vol. in-8.	10
L'IMPRIMEUR, 5 vol. in-12.	15

E. Dépée, Imprimeur à Sceaux.

L'AMANT
DE
MA FEMME,

Roman de Mœurs,

PAR

MAXIMILIEN PERRIN,

Auteur de *l'Amour et la Faim*, de *la Fille de l'Invalide*, de la demoiselle de la
Confrérie, des mauvaises Têtes, de la Servante Maîtresse, etc.

I

CHARLES LACHAPELLE,
RUE SAINT-JACQUES, 75.

1838.

Une classe du Conservatoire dramatique.

— Je vous le répète, et vous le répéterai toujours, mame Bidois; non, jamais cette petite Adeline n'aura de talent.

— Comment donc, mais jamais; c'te jeunesse là pense trop au plaisir et à la coquetterie pour aimer le travail, et il en faut tant de ce travail pour devenir qu'eu que chose dans ce gueux d'état de comédien. Allons, bon! V'là que j'viens de casser une de mes aiguilles en tricotant. Vous n'en auriez pas une de rechange à me prêter, ma chère madame Goblin?

— Attendez, j'vas voir ça dans mon cabas, mame Bidois.

— Tiens, en v'là joliment des lettres; vous portez donc sans cesse vos correspondances avec vous? dit madame Goblin, qui vient d'apercevoir plusieurs lettres dans le cabas où madame Bidois cherche l'aiguille en question, et où l'emprunteuse a plongé un regard indiscret.

—Tout ça, ce n'est pas-t-à moi, mais bien à ma fille chérie, ma Psyché; ce sont des billets doux qu'une foule de bel homme ne cesse de lui adresser à chaque heure du jour.

— Bah! et vous souffrez ça, mame Bidois?

— Dam! c'te chère enfant, c'est son plaisir; faut-y pas que je l'en prive. D'ailleurs en lui défendant de les recevoir, ça l'empêcherait de connaître les sentimens et les offres avantageuses des amoureux que lui attire sa gentille figure, et lui ferait perdre indubitablement l'occasion d'assurer à sa vieille mère un petit morceau de pain; car au jour d'aujourd'hui le théâtre est si ingrat. Ces gueux de directeurs paient si peu les actrices, qu'on est vraiment forcé de s'assurer un protecteur.

— Sûrement un monsieur qui sache faire les choses généreusement, dit madame Goblin en aspirant une énorme prise de tabac; par exemple, comme c'te petite Adeline, en v'là une qu'a évu du bonheur! A peut ben dire qu'al a trouvé la pie au nid

— Je crois ben, un lord anglais, un vieux superbe, pas embêtant du tout, qui ne la surveille pas, et qui lui donne tout ce qu'a veut.

— Ne m'en parlez pas, ça a plus de bonheur que de mérite; en vérité, il y a pitié de voir ça aussi élégante qu'une princesse, et se donner des airs du grand monde, quand ce n'est que la nièce d'un portier. Ah! Dieu, et dire que ma Psyché qu'est si vertueuse ne trouvera pas une pareille occasion.

— Oh! qu'si, mame Bidois, qu'alle trouvera; ne savez-vous pas qu' la sagesse obtient tôt ou tard sa récompense; allez, prenez patience : un beau soir, je vous réponds que ses pirouettes tourneront la tête à queuques dandys du balcon de l'Opéra.

— Un dandy! Plus souvent! je le défends ben à Psyché. Ne savez-vous pas, ma chère mame Goblin, que ces mirliflors là n'offrent jamais que leur cœur, et préfèrent presque toujours, d'après la mode anglaise, leur jument à leur maîtresse?

— Quelle horreur! exclame madame Bidois.

— Par exemple, parlez-moi d'un banquier, d'un agent de change; v'là qu'est acceptable, car ces gens-là sont presque toujours des bons époux, des bons pères, et, par conséquent, d'aimables et généreux amans.

— Ah! quelle prudente et excellente mère vous faites, mame Bidois; allez, allez, je vous promets bien de suivre envers Flore, ma fille, vos excellens conseils, et dès ce jour de l'accompagner en tous lieux, voire même au Conservatoire, afin de la couvrir de l'égide maternelle, de l'empêcher de faire une mauvaise connaissance parmi la foule des jeunes gringalets qui fréquentent cette école.

— Bien pensé! car tous ces gamins d'artistes en herbe se permettent presque tous d'en conter à nos jeunes colombes, et Dieu sait! si, mère prévoyante et tendre, nous leur donnons un bel état pour devenir la proie de ces maltotiers, pauvres comme Job et pétris d'importance?

Cet entretien des deux dames, qui se tenait dans une des salles du Conservatoire de déclamation, et avant l'ouverture de la classe, fut interrompu par l'arrivée de messieurs et mesdames les élèves : tous réunis depuis long-temps dans une pièce voisine en attendant la présence des professeurs et répétiteurs.

— Bonjour, mère Bidois! bonjour, mère Goblin! fait entendre la gent écolière en allant, venant et tourbillonnant devant les deux vieilles femmes occupées à tricoter des chaussettes de laine.

— Bonjour, mes petits Talma, mes petites Duchesnois, mes gentilles Mars, répondent avec le sourire le moins laid possible mesdames Bidois et Goblin.

— Flore, *assoiliez*-vous près de moi, dit madame Goblin à sa fille, occupée en cet instant à lutiner d'une façon assez égrillarde des jeunes gens de la bande.

— Plus souvent que je vais m'asseoir. Tiens, est-elle drôle, maman, avec ses caprices; et cela dit, Flore, en fille bien élevée, présente les talons à sa mère, et, d'un bond, va sauter sur le dos d'un apprenti premier rôle.

— Maman Bidois, où donc est votre gracieuse Psyché? demande un petit jeune homme d'à peu près vingt-cinq ans, d'un physique assez laid et d'une maigreur excessive.

— A la classe de la danse, d'ousse qu'elle sortira pour venir me prendre ici, afin de dire en même temps bonjour à sa mijauré d'Adeline. Mais pourquoi t'est-ce que vous vous informez de ça, monsieur Jolivet? Sans doute dans l'espérance de rejoindre ma fille et de lui conter fleurette malgré ma défense?

— Du tout, maman Bidois ; car du moment que mes hommages vous offusquent, en homme aimant et délicat, je souffre et me retire.

— Allons, je suis contente de vous, mon petit Jolivet; car c'est très bien de votre part de comprendre qu'en ma qualité de mère, je ne puis tolérer une liaison d'amour entre un jeune homme et ma fille.

— Vieille fée! fait Jolivet tout bas en se

retirant, et accompagnant cette épithète d'une grimace comique.

— Ah! voilà ce gros père noble d'Édouard. Arrive, tout laid, et dis, si en attendant les professeurs, tu consens à nous régaler de quelque aimable pâtisserie dont ces demoiselles sont si fort amateurs.

— Absence totale d'espèces, répond M. Édouard, vieux jeune homme, en frappant sur un gousset aussi vide que muet.

— Dites donc, vous autres, qui a été hier à l'Ambigu-Comique voir le nouveau drame?

— Moi.

— Eh bien?

— Oh! tombé à plat, et d'un mauvais sans pareil; enfin une œuvre jugée et reçue par le baron directeur, c'est assez vous en dire.

— Hé! vous autres, savez-vous que chose, Bonave, a débuté hier soir aux Français?

— Bah! dans quel rôle?

— Dans le rôle de Danville de *l'École des Vieillards*. Oh! il était d'un mauvais achevé, plus encore, s'il est possible, que l'estimable sociétaire de ce théâtre qui se permet d'être notre professeur; le malheureux, chez lui rien qui anime ses traits constamment placides, rien qui émeuve son âme obstinée dans le calme; enfin absence totale de passion et d'enthousiasme.

— Était-ce mademoiselle Mars qui remplissait le rôle d'Hortense? demande une jeune élève.

— Oui; mais contre son ordinaire, je l'ai trouvé d'une pâle, mais d'un pâle à faire peine, répond une aspirante à l'emploi des premiers rôles.

— Vraiment, si j'étais le directeur, je congédierais mademoiselle Mars, et vous donnerais sa place et son emploi, fait entendre Jolivet en accompagnant ces mots d'un sourire sardonique.

— Vous vous moquez sans doute, monsieur Jolivet?

Jolivet s'apprêtait à répondre lorsque la porte s'ouvrit avec fracas pour donner entrée à mademoiselle Adeline, jeune élève affligée de vingt-deux printemps, belle comme la mère des amours, et mise avec une élégance incomparables. Cette dernière, en entrant dans la classe, salue et sourit avec grâce à ses camarades, dont elle se trouve aussitôt entourée.

— Tiens! elle est seule aujourd'hui; quoi donc qu'elle a fait de son Sigisbé? dit tout bas madame Bidois à madame Goblin.

— Son Sigisbé? Ah! oui, c't imbécile qui

la suit sans cesse, qui ne parle jamais et rougit toujours? répond madame Goblin.

— Eh! oui, ce Lucien, un petit auteur dont on ne voit et n'entend jamais parler des ouvrages.

— On dit qu'il en tient joliment pour elle; mais comme il n'a pas le sou, que la fine chouette le fait tourner sans pitié, enfin qu'elle en fait son jouet et sa victime.

— Pauvre garçon, est-y bête.

— Bonjour, mesdames; comment va votre chère santé? demande la jolie Adeline d'un air gracieux, et souriant en venant se placer sur la chaise que madame Bidois tient sous ses pieds.

— Pas mal, chère amie, et la vôtre? demande la mère de mademoiselle Psyché.

— Dieu de Dieu! queu beau mantelet vous avez là, chère petite Adeline; comme Flore, ma fille, aurait bonne façon avec un meuble comme celui là. Savez-vous que faut que vous ayez de fameux *moiliens* pour soutenir une mise pareille? ajoute malicieusement madame Goblin en toisant la jeune fille de la tête aux pieds. Adeline rougit et laisse l'observation sans réponse ; puis s'adressant à madame Bidois :

— Où donc est cette chère Psyché ? Je ne l'aperçois pas.

— Dans le cabinet de cet excellent M. Touton, son professeur de danse qui, par une protection toute particulière, lui donne avant l'ouverture des classes une leçon de rond de jambe et de temps de cuisse. Oh! c'est étonnant comme il s'intéresse à c'te chère enfant ; enfin il tient absolument à la faire débuter le mois prochain à l'Opéra dans un pas de deux qu'il lui démontre depuis six semaines en particulier.

— Bonne Psyché! que je serais heureuse de son succès, dit Adeline avec l'expression du plus vif intérêt.

— Silence! s'écrie-t-on, voilà M. l'Ampoulé, notre très-cher professeur.

M. l'Ampoulé entre dans la classe; c'est un des plus anciens sociétaires de la Comédie française, où depuis vingt-cinq ans il tient l'emploi des premiers rôles tragiques et comiques; son air est protecteur, sa tête est haute; mon cher, prononcé avec affectation, est la seule dénomination qu'il adapte à chacun; quant à son physique, il est selon l'usage du Théâtre-Français, tout le contraire de ce qu'exige l'emploi, c'est-à-dire d'une laideur achevée et d'une obésité effrayante, ce qui n'empêche pas M. l'Ampoulé avec cette énorme circonférence et sa taille de quatre pieds huit pouces de représenter les Achille, les Néron et les chevaliers en bonnes fortunes avec un aplomb et une audace imperturbables.

— A l'étude, à l'étude ! messieurs et dames, fait entendre le professeur ; alors s'établit un demi-silence.

— Allons, mon cher ; à vous de commencer. Avez-vous, selon mes conseils, étudié de nouveau ce passage de *l'École des Vieillards* ?

— Oui, monsieur.

— C'est bien, mon cher ; voyons, récitez.

.... Bonnard elle est charmante !
C'est une grâce unique, un cœur, un enjouement !...
Je me sens ra...

— Du tout, du tout ! Vous ne sentez pas, mon cher, s'écrie le professeur interrompant l'élève ; ceci demande de l'enthousiasme, du feu, et vous restez froid. Diable ! suivez mes avis; venez me voir dans ce rôle, j'y suis parfait, inimitable; ce sera la meilleure leçon que vous puissiez prendre.

— J'en suis persuadé, monsieur; mais...

— Mais, vous n'avez pas le sens commun; étudiez, étudiez, mon cher. A votre tour, mademoiselle Clapissonet; qu'allez-vous répéter? demande le professeur à une grande fille maigre et sèche.

— La première scène de *Phèdre*, monsieur.

Et la demoiselle de réciter, d'un ton aussi lent que monotone, une longue tirade.

— Pas mal, pas mal! Continuez à travailler, ma chère, et vous parviendrez à faire une tragédienne de province assez supportable.

Et, sur cette douce espérance, la demoiselle de se retirer en faisant une moue d'une aune. Suivent plusieurs élèves, qui tour à tour viennent écorcher Racine, Corneille, Molière, et en sus les oreilles de l'auditoire, et que le professeur applaudit ou blâme selon son caprice.

— Eh bien! mademoiselle Adeline; n'avez-vous rien à me faire entendre, ma chère?

— Mon rôle de Laure dans les *Deux Cousines*, que je dois jouer dimanche au théâtre de Senlis, répond Adeline avec gaieté, en s'avançant près de M. l'Ampoulé.

— Voyons ça, ma toute belle.

Et la jeune fille de se faire entendre.

— Bien! très bien! s'écrie le professeur en dévorant la jeune fille des yeux; seulement, je voudrais un peu plus de flexibilité dans l'organe, et tout irait au parfait... Vous dites, ma chère, que c'est dimanche que vous jouez ce rôle?

— Oui, monsieur.

— Alors, ma chère, venez tous les matins chez moi, de bonne heure, entendez-vous? et je vous ferai répéter et saisir entièrement les nuances de votre rôle. Allez, et n'y manquez pas.

Adeline se retire en souriant avec malice, et se promettant en elle-même de ne point mettre à l'épreuve l'obligeance de M. l'Ampoulé.

— Hum! est-elle heureuse et choyée, c'te bégueule là; ce n'est pas-t-à ma pauvre Flore qui ferais une si belle proposition, murmure madame Goblin.

— Dieu merci pour vot' enfant, chère dame; n'voyez-vous pas qu' c'est un rendez-vous d'amour qu'i donne chez lui à c't'effrontée d'Adeline?

— Dam! vous poureriez bien avoir raison tout de même, mame Bidois. Décidément c't'école est ben dangereuse pour la jeunesse !

— Oh! oui, qu'elle l'est, surtout quand on ne veut pas gaspiller l'honneur de ses pauves filles.

La classe est terminée, le professeur parti, non sans avoir avant distribué quelques petites tapes protectrices sur les joues de ces demoiselles, et les avoir pincé en souriant dans un endroit que la moralité de cette véridique histoire défend d'indiquer.

— Bonjour, Adeline! fait entendre une jeune fille petite, rondelette et assez jolie, en venant sauter sur les épaules de son amie.

— Ah! c'est toi, Psyché; ta leçon est donc terminée?

— Oui, ma chère, et une fameuse encore. Oh! ce M. Tonton est sans pitié; aussi, tel que tu me vois, je suis échignée.

Et en disant, Psyché exécutait des ronds de jambe et des jetés battus.

— Maman, est-ce qu'il n'y a rien à manger dans votre cabas ? Je crève de faim, ajoute la demoiselle.

— Pas tant seulement de quoi faire souper une souris, répond madame Bidois en ouvrant et présentant son panier à sa fille.

— Partons, Psyché, et viens, si cela te fait plaisir, déjeuner avec moi.

— C'est dit, ma chère; accepté sans plus de difficulté.

— Et moi, en suis-je t'y ? demande madame Bidois d'un petit ton qu'elle s'efforce de rendre aimable et caressant.

— Non, maman, non; j'ai à causer avec Adeline. Ensuite papa vous a recommandé de ne pas flâner après la classe; ainsi donc, au revoir, maman. Filons, Adeline, je suis prête.

Les deux jeunes filles s'éloignent donc en se tenant par le bras, et en laissant la mère Bidois d'assez mauvaise humeur. Mais à peine ont-elles franchi le seuil de la porte de la pépinière artiste, que toutes deux sont aussitôt accostées et saluées par un jeune et joli garçon à la tournure modeste et distinguée.

— Quoi! encore vous, Lucien; je vous avais défendu de venir ainsi au devant de moi.

— C'est vrai, mademoiselle; mais, hélas! ne vous ayant pas rencontrée hier chez votre tante, je n'ai pu résister au désir de vous voir ce matin, et, malgré moi, j'ai enfreint votre ordre sévère.

— Et vous avez eu tort, monsieur; car enfin, il est terrible, intolérable même, d'avoir sans cesse quelqu'un qui s'attache ainsi que vous à mes pas.

— Allons, Adeline, ne gronde donc pas ainsi ce pauvre garçon; vois, le voilà tout interdit, tout triste. Est-ce de sa faute s'il est amoureux de toi à en devenir fou? Non, mais la tienne à toi qui t'avises d'être si jolie.

— Oh! oui, bien jolie, soupire Lucien tout bas, en adressant à Adeline un regard qui demande pitié.

— Mon Dieu! je le plains et l'estime; mais qu'espère-t-il?

— Tiens! cette farce, ce qu'il demande? Pardienne, que tu paies sa constante flamme d'un tendre retour.

— Hélas! oui, fait entendre Lucien sur le même ton.

— Cela est impossible; il le sait bien, répond Adeline à Psyché. Tous deux nous sommes encore sans état ni fortune; il y aurait donc folie à unir ensemble deux destinées si pauvres.

— Bah! mauvaises raisons que tu nous donnes là, répond Psyché. Il est homme de lettres; bientôt, sans doute, il se fera un nom; il sera riche alors, et capable de faire ton bonheur.

— Oui, je pense bien que Lucien est appelé à de brillans succès; mais, en les attendant, il faut vivre, et j'ai la gêne en horreur, répond la cruelle.

— Mais en attendant la récompense de mes travaux, ne dois-je point dans peu toucher trente mille francs; n'est-ce pas à vos pieds que je dois déposer cette somme qui nous mettrait aisément à même d'attendre un moment plus fortuné.

— Trente mille francs! Qu'est-ce que cela? une bagatelle, enfant, à peine suffisante à vos propres besoins, répond Adeline à Lucien en haussant les épaules.

Croyez-moi, mon ami, ajoute-t-elle, renoncez à moi, à un amour qui paralyserait sans cesse votre avenir et le mien; car la vie d'artiste que vous et moi voulons embrasser, mon bon Lucien, exige une entière liberté, une indépendance totale; et l'union qui m'est offerte par vous, qui, dites-vous, ferait votre bonheur, ne serait au contraire pour nous deux qu'une source de contrariétés, de mésintelligence et de misère, peut-être.

— Bah! bah! tout cela c'est de la bêtise, et dépend de la manière dont on s'arrange; car enfin qu'importe, étant actrice ou danseuse, qu'on soit mariée, si l'époux est un bon enfant, pas embêtant, pas jaloux, et qui vous laisse une franche et pleine liberté? dit Psyché.

— D'accord; mais un mari de la sorte est difficile à trouver, ou, s'il est tel, cet homme-là ne peut aimer sa femme, répond Adeline.

— Oh! non, c'est qu'il ne l'aimerait pas! soupire Lucien.

— Eh bien! tu l'entends, Psyché; lui-même en convient, et serait un tyran comme les autres. Non, non, décidément pas de mariage, pas d'époux.

Et Lucien, en entendant ces mots, de baisser tristement la tête.

— Houp! houp! où courez-vous ainsi, charmantes bayadères?...

C'est M. Tonton, le professeur de danse, qui vient de rejoindre les deux jeunes filles sur le boulevard Bonne-Nouvelle, sur lequel, en marchant à petits pas, elles tenaient avec Lucien la conversation précédente.

M. Tonton est un petit homme à la figure plate et joviale; son individu est pourvu en sus d'une rotondité excessive; du reste, Tonton a de la gaieté, de l'obligeance et de l'esprit plein les jambes, pas plus haut.

— Dites, Tonton, êtes-vous bien sûr que ma mère ne vous a pas vu courir après moi?

— Non, ma Therpsicore; car je viens d'apercevoir la brave madame Bidois et sa noble amie, madame Goblin, vidant ensemble un petit verre chez le marchand de consolation du faubourg Poissonnière.

— Très bien; car si elle nous trouvait ensemble, mon cher Tonton, il faudrait une révolte complète de la part de l'amour filial, ou dire en sa présence adieu à nos leçons particulières.

— Peste! un bon averti en vaut deux; aussi me tiendrai-je sur mes gardes.

Tout en causant, les quatre personnages avaient atteint la demeure d'Adeline, située sur le boulevart Saint-Martin.

— Vous ne montez pas, Lucien? demande Adeline au jeune homme, qui, muet et pensif depuis un instant, et après l'avoir salué, se disposait à s'éloigner.

— Hélas! mademoiselle, je n'osais, dans la crainte de vous déplaire encore plus.

— Venez, suivez-nous, enfant. Ne peut-on être ami sans être amant.

Après avoir monté un second étage, Lucien, Tonton et Psyché furent introduits dans le petit, mais délicieux appartement de la belle Adeline.

II

Un portier du Mont-de-Piété, mademoiselle Adrienne.

Holà ! n'allez pas confondre celui-ci avec la foule de ces malheureux cerbères condamnés par l'inhumanité et la cupidité d'un propriétaire à passer leur triste existence dans un insalubre et noir réduit de huit pieds carrés; non, non, le portier d'un Mont-de-Piété, peste! ce n'est pas, comme on dit, de la petite bière, ni un de ces malheureux esclaves dont le sommeil s'allonge ou se raccourcit selon notre caprice, duquel nous exigeons vigilance, surveillance et politesse en échange d'un sou pour livre, et d'une faible récompense que souvent nous lui faisons attendre trois cent soixante-cinq jours, c'est-à-dire d'un bout de l'année à l'autre. Non, encore une fois; car le portier d'un Mont-de-Piété a une demeure vaste et commode, qui se compose d'abord d'un rez-de-chaussée tenu d'une façon aussi pauvre que malpropre; mais ceci n'est autre que l'antichambre, où, sans envie, le honteux et malheureux nécessiteux d'une piété à neuf du cent, sans compter le non salaire du temps qu'on lui fait perdre, peut en s'informant plonger son regard furtif.

Voilà donc pour le public; mais il existe ensuite un second étage, et là se déploie un luxe de mauvais ton, une abondance de choses riches et solides, par exemple une pendule sur la cheminée, une sur la commode, une autre sur le secrétaire; puis des armoires chargées de linge, des coffres de bijoux, des montres, des timbales en argent de toutes dimensions, des lits dont les couches menacent le plafond par leur excessive hauteur. Mais, ce qu'il y a de mieux encore, c'est qu'un concierge du Mont-de-Piété possède de bons contrats de terre et de rentes, qu'il dote ses enfans magnifiquement, et en fait presque toujours des huissiers, gens de sale métier, des commissaires-priseurs, ou des greffiers, et qu'il ne marie ses filles qu'à de riches commerçans ou de forts employés. Mais d'où vient donc tant d'aisance? car un portier n'est qu'un portier, et ce pauvre métier n'est autre que le refuge de la vieillesse et du malheur. D'accord, chez le portier bourgeois, mais dans un Mont-de-Piété, le cas est différent. Sachez donc, vous qui lisez, qu'il serait plus facile d'obtenir un ministère, fût-ce celui de l'intérieur, que la place d'un portier de Mont-de-Piété; fort rare, il est vrai, vu qu'étant très lucrative, celui qui la possède la garde précieusement; sachez donc qu'un employé de cette espèce n'en a véritablement que le titre et les profits sans en avoir les tribulations, qu'il laisse à une nièce qu'il a fait venir de la province, ou à une grosse servante à deux cents francs par an, chargée l'une ou l'autre d'indiquer le chemin des nombreux bureaux de l'administration; alors, dégagé de ce soin humiliant, le portier et madame son épouse s'occupent à singer les commis, dont l'insolence et la morgue habituelle éloignent de plus en plus les pauvres emprunteurs, honteux de montrer leur misère, et de jeter leur nom à la face de cette gent bureaucratique. Le portier donc, tandis que sa noble épouse occupe le bureau, guette au passage l'emprunteur honteux qui, en personne, n'ose offrir son précieux ou faible gage en échange d'une minime partie de sa valeur; ou bien celui que le temps presse, qui, pour empêcher sa famille de mourir de faim, et les huissiers par leur affreuse présence de faire périr de douleur et d'effroi une pauvre mère et ses enfans, celui donc à qui les commis de cette maison feraient impitoyablement attendre l'espace d'une demi-journée, le secours ruineux qu'il vient acheter dans leur cage insalubre; et, comme il se trouve, hélas! un grand nombre de ces gens-là, le cerbère chargé par eux, moyennant une certaine gratification, d'échanger lestement contre une somme quelconque le gage qu'ils apportent, et par d'autres celui confié jadis dans un moment de détresse contre l'argent qu'ils remboursent, le portier obligeant fait donc chaque jour, par ce trafic, d'amples récoltes qui, chaque semaine, chaque mois, se gonflent, s'empilent, et, au bout de l'année, lorsque le ménage regorge de butin, vont déborder dans la caisse d'un agent de change, chargé d'acheter de la rente, ou celle d'un fermier pour solde de quelque acquisition de terre ou de prés.

Tel était M. Duplan, oncle maternel de Mlle Adeline, élève du Conservatoire dramatique; où, placée depuis deux ans dans cette école par la protection de ce cher oncle, grand amateur du théâtre, la jeune fille étudiait l'art de Melpomène et de Thalie; c'était aussi chez ce fortuné concierge, oncle de mademoiselle Adrienne, fort jeune, et jolie personne, que Lucien, après avoir passé une partie de la journée chez Adeline, et avoir été très poliment congédié par elle à sept heures du soir, que Lucien donc, s'était réfugié, le cœur gros d'amour et de soupirs pour achever la soirée. Il était huit heures, alors que le jeune homme, après avoir fait bondir le marteau de la grande porte du Mont-de-Piété, saluait monsieur et madame Duplan, et recevait des époux un accueil amical. En entrant, les regards du jeune homme se sont portés autour de la chambre, comme pour y rencontrer une troisième personne, qui manquait sans doute à ses désirs.

— Eh bien! Lucien, mon garçon, qu'y a-t-il de nouveau; ton drame avance-t-il?

Quand nous feras-tu aller au spectacle? demande M. Duplan d'un ton jovial.

— Il est terminé, monsieur, mais il reste maintenant à vaincre la plus grande difficulté, celle de faire accepter l'ouvrage par un directeur.

— Bah! bah! un garçon d'esprit comme toi, ne peut avoir fait qu'une bonne pièce, dont la réception et le succès sont certains. A propos, il y a-t-il long-temps que tu n'as vu Adeline? ajoute le concierge, qui tout en parlant se dandine d'un air important dans un grand fauteuil de cuir.

— Hélas! ajourd'hui, fait Lucien, en poussant un énorme soupir.

— Pauvre garçon! à ta mine triste et pensive, je devine qu'en ce jour, elle n'a pas encouragé ton amour plus que de coutume.

— Non, Madame, non, répond Lucien, à la demande de madame Duplan.

— Du courage, de la force d'âme, mon pauvre garçon, va, crois-moi, oublie une ingrate, et ne passe pas tes plus belles années à soupirer en vain après une coquette, une ambitieuse, plus sensible à l'appât de la richesse qu'aux qualités d'un bon et honnête jeune homme, tel que toi.

— L'oublier! madame, hélas! ceci n'est pas en mon pouvoir, car je l'aime plus que la vie.

— Hum! tant pis, mon enfant; je te plains alors.

— Pourquoi donc cela, madame Duplan? croyez-vous donc ma nièce indigne de l'amour d'un honnête homme? La croyez-vous assez insensible pour ne savoir pas apprécier le mérite de Lucien, du moment, comme elle dit, qu'il se sera fait une réputation littéraire? dit le concierge d'un ton courroucé.

— Oui, si l'honnête homme devient un jour un Victor Hugo, un Dumas; enfin si son talent lui rapporte cent mille francs par an; mais en attendant cela, la demoiselle, quoique courtisée en légitime mariage par ce cher Lucien, n'en a pas moins quitté notre maison, son toit d'adoption, afin d'être maîtresse de poursuivre plus à son aise la folle idée que vous lui avez fourrée dans la tête, celle d'étudier pour le théâtre.

— Oui, madame Duplan, et devenir un jour une Duchesnois, une Mars, et voler de succès en succès.

— Bast! laissez-moi donc avec vos succès; votre Adeline ne fera jamais qu'une pleurnicheuse des boulevards, et sans talent encore.

— Madame Duplan! vous ne savez ce que vous dites; car je vous prédis, moi qui m'y connais, et qui ai joué pendant dix ans les premiers rôles tragiques sur le théâtre de M. Doyen, que notre nièce sera une actrice de premier ordre, et je vous avoue même que je suis loin de blâmer sa répugnance pour le lien que lui offre Lucien; car l'art auquel se livre Adeline exige une entière indépendance, et non l'assujétissement des devoirs d'épouse et de mère.

— Vous êtes un vieux fou, monsieur Duplan, qui avez perdu votre nièce avec votre enthousiasme pour le théâtre; croyez-moi, il eût été cent fois plus sage et préférable d'en faire une bonne ménagère, et de la marier un peu plus tard avec une petite dot à un bon garçon tel que Lucien.

— En vérité, madame Duplan, vous me

faites mal en raisonnant ainsi ; il faut être bien ennemie des arts et du beau pour tenir un tel langage ; mais heureusement, pour l'honneur de la famille, que je ne pense pas ainsi que vous. Au surplus, laissez-moi le maître de conduire la fille de feu mon frère selon mes idées, ensuite agissez envers votre nièce Adrienne absolument comme vous l'entendrez. Elle est l'enfant de votre sœur, et adoptée par vous ; son éducation vous regarde entièrement.

— Adrienne ! Ah ! parlez-moi de cette fille ; voilà un modèle de douceur, de vertus domestiques, une femme à rendre un homme heureux. Hélas ! pourquoi, mon bon Lucien, ne l'as-tu choisie de préférence à sa cousine Adeline, tu ne serais pas si malheureux que tu parais être.

—Oui, beau cadeau, ma foi ; une barbouilleuse sur porcelaine; une fille qui ne sait que pleurer, qu'un rien effarouche, une bégueule enfin!

— Monsieur Duplan, n'insultez pas une fille de mérite; l'enfant de ma sœur, entendez-vous, et sachez que je la préfère bégueule, puisque bégueule il vous plait de la nommer, à une effrontée comme votre propre nièce, qui ne fera jamais qu'une pauvre comédienne et une vraie catin! s'écrie madame Duplan d'un ton colère et le visage cramoisi.

— Ah! madame! fait Lucien on ne peut plus humilié, et tout interdit d'entendre qualifier d'une semblable épithète l'objet de son adoration.

— Une catin! répond hors de lui le concierge; ma nièce une catin! Jamais, madame, jamais! Adeline nous respecte trop pour manquer à ses devoirs, pour faillir à la vertu.

— Oh! monsieur, la chose est faite depuis long-temps.

— Madame Duplan, vous mentez!

— Monsieur Duplan, vous êtes un vieux sot, une véritable dupe!

— Madame!

— Mais alors, monsieur, c'est donc vous qui donnez à votre nièce ses élégantes toilettes? qui lui avez meublé un appartement sur le boulevart et payez sa servante?

— Non, madame, non; mais vous n'ignorez pas qu'Adeline a hérité dernièrement de huit cents francs, provenant de la succession de sa mère, et qu'avec de l'ordre, de l'économie, une jeune fille va loin avec une pareille somme?

— Certainement! lorsque ainsi que votre nièce, on se met d'abord sur le dos un cachemire de mille francs.

— Ce n'est pas un cachemire, madame.

— Je vous dis que cela en est un, et que lui a donné son entreteneur encore.

— Madame Duplan, votre injustice m'exaspère.

— Et moi, monsieur, la conduite de votre effrontée nièce me fait rougir.

— De grâce, madame, calmez-vous; n'accablez pas Adeline, car elle ne peut être indigne à ce point de votre estime.

— Taisez-vous, Lucien; vous êtes un véritable niais, c'est moi qui vous le dis; et puisque chez nous vous aviez à choisir entre la nièce de monsieur et la mienne, il fallait être plus heureux ou plus adroit, et faire un choix qui fût au moins à votre louange.

— Madame, l'amour ne se commande pas, il s'inspire.

— D'accord, répond la dame à Lucien ; mais qu'est-ce qui l'inspire cet amour ? il me semble que ce sont, à beautés égales, les bonnes mœurs et qualités, et chez mon Adrienne, vous trouviez tout cela réunis ; car enfin, c'est un ange sur qui la médisance ne peut mordre, j'espère ? Une fille, depuis six ans qu'elle a perdu père et mère et habite avec nous, à qui on n'a pas le plus petit reproche à faire, qui travaille jour et nuit à se perfectionner dans l'état de peintre sur porcelaine, état choisi par elle, et auquel elle s'applique sans relâche, tandis que mademoiselle Adeline, sa cousine, nous néglige, fuit notre demeure et court les spectacles, fréquente une foule de je ne sais qui, et cela vêtue en princesse dont elle prend le langage et les habitudes.

— Voilà ce que c'est d'avoir un esprit vaste et supérieur, on brille, on se lance, on devient quelque chose dans le monde, cela vaut beaucoup mieux, il me semble, que de peindre des troubadours et des paysages sur les tasses et les compotiers, fait entendre M. Duplan d'un petit ton sardonique, et se dandinant sur son fauteuil.

— C'est possible; mais la suite de tout cela prouvera qui de nous deux aura eu tort ou raison aujourd'hui.

En ce moment de la conversation, un coup de marteau se fit entendre à la porte, et bientôt entra un jeune élégant venant chercher divers bijoux dont il avait dans la journée chargé M. Duplan du dégagement; ce que voyant la femme de ce dernier, elle conseilla à Lucien de monter un instant d'Adrienne, occupée à peindre dans la pièce au-dessus.

Le jeune homme, fort content d'échapper à un entretien qui était loin de le flatter, et dont il entrevoyait la reprise après le départ du nouveau-venu, profita de la permission et s'élança de suite vers un petit escalier conduisant à la chambre de la jeune fille.

— Bonsoir, Lucien, fit entendre à l'apparition du jeune homme une petite voix douce et tendre.

— Bonsoir, Adrienne.

Et Lucien fût se placer près d'une jeune personne à la figure angélique, aux cheveux d'or, au regard timide et tendre, c'était Adrienne, assise à une petite table et qui, armée d'un pinceau, donnait naissance à un gracieux bouquet de roses, dont les couleurs rivalisaient avec celles qui venaient de colorer ses joues à la vue du jeune homme.

— Eh bien! mon ami, avez-vous vu ma cousine aujourd'hui?

— Je la quitte, il y a une heure, répond Lucien; près d'elle, j'ai passé une partie de cette journée.

— Alors, il ne faut pas demander qui s'est trouvé heureux d'une telle faveur?

— Oh! oui; bien heureux, hélas!

— Mon Dieu; mais vous chantez vos joies sur un air de *de profundis;* mon bon Lucien, pourquoi ce soupir, cet hélas?

— Ah! c'est que la cruelle l'est pour moi plus que jamais, et qu'il me faut l'aimer sans espoir.

— Pauvre Lucien! je comprends vos douleurs, car je sens qu'il doit être affreux d'aimer ainsi; mais il ne faut pas perdre courage, mon ami; Adeline est un peu légère, elle aime le plaisir, les hommages ; mais un jour, bientôt peut-être, fatiguée d'une existence de bruit et de fatigue, et, cherchant à se recueillir, elle prêtera l'oreille à vos propos d'amour, appréciera votre mérite et le bonheur que lui promettrait une union avec vous ; alors vous serez heureux, Lucien ; heureux avec elle ; car, malgré ses torts légers, elle est bonne, Adeline.

— Et belle surtout ! n'est-ce pas, Adrienne ? exclame Lucien avec enthousiasme.

— Oh ! oui, bien belle, et bien heureuse d'être aimée ! répond la jeune fille avec sensibilité.

— Et vous aussi, Adrienne, vous êtes digne de l'être ; vous, si belle, si vertueuse...

— Moi, répond Adrienne. Hélas ! qui voulez-vous s'occupe de moi, d'une pauvre fille sans fortune et dénuée de tous les avantages qui font briller et désirer une femme ?

— Oh ! moi, moi ; car je sens que si je n'aimais Adeline, j'adorerais Adrienne.

A cet aveu, un doux frisson parti du cœur, circula dans toute la personne de la jolie fille, dont les yeux se baissèrent vers la terre, et dont la main, par un mouvement convulsif, serra légèrement celle de Lucien dans laquelle elle était placée par mégarde.

III

Les Comédiens en campagne.

Dans un joli boudoir de mousseline brodée, à transparent couleur de rose, et sur un moelleux divan, est assise une femme charmante et coquette, à ses pieds, et posé sur un petit tabouret, un homme d'une cinquantaine d'années, chargé d'embonpoint, aux cheveux blonds douteux et au visage cramoisi, presse dans ses mains celles blanches et potelées de la divinité qu'il semble implorer en ce moment.

— Non, mylord, non; ce que vous demandez est de la dernière extravagance. Qui, moi, vous suivre à Londres, m'y fixer près de vous, en qualité d'épouse, avant mes débuts et sans savoir si mon talent ne m'assurera pas en France un sort aussi fortuné qu'indépendant; mais vous n'y pensez pas. Je vous aime, mylord Betson; je vous aime à la folie.

Ici l'Anglais manqua de se pâmer d'aise, et fit entendre un oh! oh! semblable à celui d'un perroquet en pamoison.

— Oui, je vous aime à la folie; mais, ajouta la dame, je déteste votre pays et j'adore le mien, où rien ne me manquerait si vous consentiez à vous y fixer et à me donner le titre de votre épouse.

— Oh! moi le voudrais de tout mon cœur, aimable miss; mais moi, être aussi amoureux de le Angleterre, y avoir mon richesse, mon famille, et moi vouloir montrer à mes compatriotes le adorable épouse que moi aura choisie dans le France.

— Je conçois vos raisons, mylord; mais je raffolle du théâtre! Si vous saviez combien est heureux le sort d'une comédienne à talent, comme on l'encense, la recherche, comme pour elle les plaisirs abondent et se renouvellent sous cent formes diverses. Oh! décidément, telle est ma vocation; je veux, je dois débuter, c'est mon vœu le plus cher, le rêve de toute ma vie, et vous n'êtes pas assez cruel, mylord, pour vouloir me priver d'un si doux essai.

— Yes, yes; mais vous être bien certain de lé réoussite, miss? Vous prendre garde beaucoup fort au petite sifflette, dit l'Anglais d'un ton flegmatique.

— Craindre une chute, les sifflets, fi donc! y pensez-vous, mylord? Moi, élève de M. l'Ampoulé, le premier professeur de l'Europe et sociétaire de la Comédie-Française; moi, douée d'un physique des plus avantageux, et qui seul m'assure un succès certain; moi, tomber! impossible! et vos doutes sont des injures.

Cela disant, la jolie femme venait de retirer ses mains de celles de l'incrédule Anglais.

— Oh! oh! oh! perdon, miss Adeline; moi être beaucoup fort persuadé dé votre science; mais craindre lé injoustice du poublic en votre débute.

— Le public, monsieur, accueille toujours bien une jolie femme.

— Ainsi, miss Adeline, vous refuser mon prière de venir à London recevoir mon main et le nom de mylady Betson? Oh! oh! vous être cruelle et moi peiné beaucoup fort de ne pouvoir satisfaire vous, charmante miss.

— Mylord, répond Adeline après un moment de réflexion, peut-être changerai-je un jour d'idée; que sait-on, accordez-moi quelque temps encore; après mes débuts, je vous ferai connaître mes intentions.

— Yes, yes, vous être à moi si le poublic y être injouste envers vous; je comprends parfaitement, miss. Et vous débuter toute dé suite?

— Oui, mylord, dans huit jours, par le rôle d'Adèle, dans *Antoni*.

— Oh! oh! y être magnifique ce rôle.

— Je crois l'avoir saisi et y être bien;

aussi je brûle d'impatience d'atteindre le jour fortuné de mon premier début. A propos, mylord, j'aurais besoin pour ce moment d'une parure complète, de quelques diamans, afin de paraître avec avantage devant mon nombreux auditoire.

— Yes, yes, miss; vous faire de suite ce acquisition.

Et l'Anglais, maître en ce moment d'une jolie main qu'on lui abandonnait de nouveau et qu'il couvrait de baisers, laissait tomber son riche portefeuille sur les genoux de la divinité, dont le sourire gracieux l'enhardissait à ce doux badinage. Un long laps de temps accordé aux amoureux transports de l'amant britannique, puis comme frappée par un souvenir, et s'échappant des bras de mylord Betson.

— Étourdie que je suis ! s'écrie Adeline; j'oubliais qu'à midi j'ai une leçon à prendre, que M. l'Ampoulé m'attend au Théâtre Français, afin de m'entendre sur la scène, de juger dans la salle de l'effet que produit ma voix. Il faut nous quitter, mon ami; croyez que c'est avec regret; mais les études avant tout.

— *God! God!* fait l'Anglais assez mécontent; vous remettre à demain ce répétition, miss...

— Impossible, mon ami; messieurs les professeurs sont des gens qu'on ne peut faire attendre en vain sans risquer d'encourir leur disgrâce. Ainsi soyez aimable, mon cher Betson; laissez-moi me livrer à ma toilette, et revenez me voir demain, nous dînerons ensemble en tête-à-tête; qu'en dites-vous?

— *Very well! very well!* Moi envoyer à cet effet de petites bonnes choses de le magasin de Chevet.

— Non, mylord, non; c'est moi qui prétends faire seule les honneurs de ma table. Adieu, adieu, ne m'en voulez pas; à demain.

Et l'Anglais, après avoir cueilli deux tendres baisers sur des lèvres de rose, s'éloigna plus amoureux que jamais. A peine Adeline fût-elle seule, qu'elle appela sa femme de chambre, et lui demanda les effets nécessaires à sa toilette, mais à une toilette simple et de voyage. La sonnette de l'appartement se fit entendre, et bientôt parut mademoiselle Psyché.

— Allons donc, Adeline; dépêche-toi donc, ma chère; voilà deux heures que moi et tous les camarades sommes réunis chez Babin le costumier, où nous t'attendons pour partir.

— Que veux-tu, ma petite; c'est de la faute de mon gros Betson, mon Anglais, qui m'assomme depuis ce matin, et que je viens enfin de congédier à grand peine.

— Oh! alors il n'y a plus rien à dire; tant pire pour les camarades s'ils ont fait le pied de grue. Diable! un Anglais, ça doit être ménagé. A propos! Adeline, est-il toujours généreux avec toi, heim?

— Comme l'or, ma chère; tiens, vois ce qu'il vient de me donner pour acheter ma parure.

— Voyons! s'écrie Psyché s'approchant de la cheminée par le moyen d'une pirouette. Ah! bien! en voilà de ces billets de banque. Quatre... sept... dix! Ma chère, tu as une fière chance, tu peux t'en vanter, va... Dix mille francs d'un coup, rien que cela. Oh! décidément il faut que tu me trouves un amant de ce calibre, et je plante là Tonton, qui m'ennuie à périr et ne m'entretient que de jetés-battus, de pirouettes et de temps de cuisse. Mon Dieu! mon

Dieu! que tu as bien fait de quitter par un bon coup de tête la loge de ton estimable oncle Duplan, chez qui t'assommaient de leurs fadeurs tous les gringalets d'employés de l'administration.

— Oui; mais en agissant ainsi, je me suis fâchée pour long-temps avec ma bonne tante, et privée de la douce compagne de mon enfance, de cette chère Adrienne qui m'aime tant, et à qui mes parens ont défendu de me revoir.

— Cette bêtise! sont-ils perruque ces gens-là, s'offusquer de ce que tu as un amant, et un amant mylord encore! Quant à ta bégueule de cousine, pourquoi la regretter? ne suis-je pas là pour la remplacer près de toi? Et à ça près de quelques vertus domestiques et assommantes dont la possession ne me tente pas du tout, et que la petite possède au superlatif, je crois par mon esprit, ma gaieté en valoir deux comme elle; ainsi donc, ma chère, ne gémis pas, puisqu'il te reste en moi une tendre amie et dans Lucien un adorateur aussi fidèle que patient, chez qui les cancans de ta chère famille n'ont pu altérer la passion qu'ont su lui inspirer tes charmes.

— Lucien! oh! oui, c'est un bon et fidèle ami. Quel malheur qu'il n'a ni nom ni fortune, ou plutôt que n'ai-je les goûts paisibles et simples d'Adrienne, combien je serais heureuse avec lui.

— Pourquoi lui-même t'a-t-il préféré à elle, car leurs caractères étaient faits l'un pour l'autre; un bon mariage entre eux et dix-huit cents francs d'appointemens par an, cela ferait le couple le plus heureux et le plus rococo du monde. Mais laissons cela, Adeline, et puisque tu es en fonds aujourd'hui, envoyons chez Babin prévenir les camarades qu'ils peuvent partir sans nous, et que nous les rejoindrons ce soir à Senlis.

— Pourquoi ne pas partir avec eux? demande Adeline.

— Parce qu'ils vont faire la route dans d'ignobles coucous, et que tes moyens nous permettent à toutes deux de louer pour ce voyage une moelleuse et élégante calèche, où toi, Tonton et moi serons fort à l'aise.

— Tonton! exclame Adeline avec surprise.

— Oui, il est de la partie; cet être là m'adore et me suit ni plus ni moins que mon nom, cela m'hébête un peu, à te dire vrai; mais il est tout puissant à l'Opéra en sa qualité de sous-chef des ballets, et j'ai besoin de sa protection.

— Monsieur Lucien, vient annoncer la chambrière.

— Lucien! qu'il entre, répond aussitôt

Psyché sans s'informer de la volonté d'Adeline.

— Y penses-tu; mais il va nous retenir encore? dit cette dernière contrariée de la promptitude de son amie.

— Bah! la calèche nous contiendra tous quatre fort à l'aise, et, en roulant, Lucien nous fera part du motif de sa visite.

Le jeune homme est introduit; en entrant il paraît embarrassé, timide, et son visage est empreint d'une légère teinte d'incarnat.

— Bonjour, Lucien; asseyez-vous, dit Adeline en lui indiquant le divan.

— Mon bonhomme, vous arrivez on ne peut plus à propos; car un instant plus tard, vous trouviez ici visage de bois, dit Psyché en frappant avec familiarité sur l'épaule de Lucien, et le poussant sur le siége où il n'osait s'asseoir.

— Vous alliez sortir, Adeline? demande le jeune homme d'une voix timide.

— Comme vous dites, beau sire; sachez qu'Adeline et moi nous partons à l'instant pour Senlis, où toutes deux nous jouons ce soir dans une représentation au bénéfice d'un pauvre directeur ambulant; c'est une partie arrangée et composée par les élèves du Conservatoire; qui nous aime nous suive, avis à vous, bel adolescent... Allons, répondez donc et ne rougissez pas ainsi, ajoute gaiement Psyché en relevant le menton du jeune homme.

— Je n'attends, pour accepter avec bonheur, que l'invitation d'Adeline, répond Lucien.

— Venez, Lucien; la présence d'un ami double toujours notre plaisir.

— Ah! que de bonté! s'écrie l'amoureux

en levant sur la jeune fille un regard rempli de reconnaissance et de joie.

— Oui, je suis trop bonne, en effet; car je vous prouve en ce moment, monsieur, mon peu de rancune sur votre langage de l'autre jour.

— Bah! que t'a-t-il dit? conte-moi donc cela, Adeline.

— Quoi autre que de me parler sans cesse de son amour, lorsqu'il sait combien je souffre à l'entendre gémir.

— Comment! rien que cela, et tu te fâches parce qu'il dit t'aimer et qu'il te trouve jolie? Ah! si j'en faisais autant toutes les fois qu'on me tient pareil langage, j'aurais fort à faire, ma foi!

— D'accord; mais si, dépité d'une indifférence au-dessus de ta volonté, celui qui dirait t'aimer t'adressait des reproches cruels, humilians?...

— Je l'enverrais promener alors; mais est-ce possible que Lucien se soit permis une telle sortie?...

— Oui, monsieur se permet d'être jaloux, de voir avec humeur les personnes que j'admets chez moi, tel que lord Betson, par exemple.

— Oh! ça n'a pas le sens commun! fait Psyché en riant sous cape; être jaloux d'un animal d'Anglais; est-ce qu'une femme, une Française surtout, peut aimer un homme de cette nation-là? des êtres qui donnent à leurs chevaux la préférence sur le beau sexe : fi donc !

— Je suis heureux que votre indulgence, Adeline, pardonne les fautes de mon amour; oui, j'avais tort de me plaindre, car vous êtes libre de disposer de votre cœur; sur lui, sur vous je n'ai aucun droit; car jamais votre bouche ne me fit entendre une parole d'amour, de consolation ni d'espérance; et j'osais me plaindre. Oh! j'étais un fou que vous fîtes sagement de chasser de chez vous.

— Vous chasser, Lucien; oh! jamais; seulement je désirais être seule, et vous priais alors de vous retirer, après m'avoir fait la promesse de revenir me voir. Mais quel est ce rouleau de papier que je vois dans vos mains, serait-ce votre drame? ajoute Adeline.

— Oui, j'oubliais de vous en parler, et vous l'apportais selon nos conventions.

— Remettez-le-moi; demain, sans plus attendre, je le confie à M. l'Ampoulé, mon professeur, avec mission d'en demander la lecture devant le comité du Théâtre-Français; soyez sans inquiétude, ce sociétaire est puissant, et votre affaire, à sa recommandation, marchera vivement.

— Ah! ça, à ce qu'il paraît, nous ne partirons pas aujourd'hui? dit Psyché en accompagnant cette remarque d'un jeté-battu.

Et à peine avait-elle dit, que la porte s'ouvrit brusquement, et que M. Tonton vint tomber en zéphyre au beau milieu de la chambre.

— Ah! Tonton! exclame Psyché.

— Lui-même, mes gracieuses, qui vient vous prévenir que lassés de vous attendre, ces messieurs et ces dames du Conservatoire ont pris les devans et vous donnent rendez-vous à Louvre.

— Enchantés de leurs vertus, répond Psyché; mais nous ne serons pas assez maladroites pour compromettre notre calèche en la heurtant contre leur ignoble coucou.

— Une calèche! chouette! s'écrie Tonton en pirouettant et faisant ensuite une passe avec son élève; où est-elle la calèche que je m'y précipite? J'adore les calèches, moi.

— Où? chez le carrossier, chez qui, mon minet, vous allez trotter la commander.

— Soit! il n'y a rien que je ne fasse pour vos beaux yeux, et une calèche, mes adorables bayadères; or donc, de ce pas je me rends à vos ordres.

Et Tonton s'éloigne en cadence.

— Pourquoi cet air de tristesse empreint sur vos traits, Lucien? pourquoi ce silence? n'avez-vous rien à dire à votre amie, à votre sœur? dit Adeline en s'asseyant sur le divan près du jeune homme, et lui prenant les mains dans les siennes.

Lucien reste long-temps sans répondre, tant l'émotion que lui occasionnent les paroles d'Adeline est délicieuse et vive; de plus, elle lui presse la main avec intérêt, bonté; et tous ces riens sont si précieux pour celui qui aime!

— Oh! que vous me faites de bien en cet instant, Adeline; il y a si long-temps qu'une caresse, une parole de vous n'ont déversé sur mon cœur un peu de consolation. Chère Adeline, moi qui toujours paierais de ma vie un seul de vos regards, un mot d'amour échappé en ma faveur de vos lèvres divines...

— Silence! mon ami; estimons-nous, mais pas un mot d'amour, si vous voulez que je vous écoute avec plaisir et confiance. Enfant! pourquoi garder pour Adeline de si tendres sentimens? Ah! vingt femmes plus dignes qu'elles seraient heureuses de vous inspirer, et de payer de tout leur cœur le noble hommage que vous lui offrez en ce jour; croyez-moi, Lucien, oubliez une passion indigne de vous, qui ne ferait point votre bonheur, et vous causerait des regrets bien cuisans.

— Ah! que dites-vous; vous posséder et ne pas être heureux pour la vie, est-ce possible?

— Oui, Lucien; car la possession tue le désir, et lorsque l'estime ne peut remplacer la possession, l'amour alors ne devient pas amitié, mais se change en haine et mépris; où est le bonheur alors?

— En ce cas, il faudrait admettre qu'Adeline fût devenue mésestimable, répond Lucien.

— Étourdi! votre passion pour moi vous égare. Ah! vous m'aimez, je le sens, et vous plains, mon ami.

— Si je vous aime? ô ciel! Ah! demandez tout ce que je dois posséder au monde, et je l'apporte à vos pieds en échange d'un regard, d'un mot, d'un rien ; ordonnez, car je suis votre esclave soumis ; mon existence est à vous, mes désirs sont les vôtres, vos joies les miennes, vos douleurs je les partage et les voudrais toutes ; enfin que puis-je exprimer encore pour vous prouver mon ivresse et ma soumission ?...

— Assez! assez! Lucien; combien vous me faites de mal, mon ami. Relevez-vous, de grâce, et qu'à mes pieds, Psyché ne vous surprenne pas; car ce serait peut-être pour vous, un jour, un motif de honte et d'humiliation.

A peine Adeline avait-elle prononcé ces derniers mots, que la porte s'ouvrit tout d'un coup et que parut la jeune danseuse, qui avait été reconduire Tonton jusqu'à l'antichambre, afin de lui expliquer longuement la couleur et la forme de la voiture qu'il allait requérir.

— Bon! ne vous gênez pas, mes tourtereaux; sans cela pas de plaisir, dit-elle en surprenant encore Lucien à genoux devant Adeline, et remarquant la rougeur des deux jeunes gens; est-ce que par hasard la tigresse s'attendrirait? ce serait drôle.

— Silence, Psyché! Cessez un badinage qui est loin de me plaire, fait entendre Adeline d'un ton sérieux.

— Bah! tu te fâches, ma mignonne; tu as tort, en vérité; car, malgré ton courroux, je ne peux m'empêcher de te prédire qu'un jour ce petit bonhomme en viendra à son honneur; ainsi donc, tu es bien maladroite de tant te défendre, il serait cent fois plus sage de céder de suite, et de ne point le faire ainsi languir et dessécher d'amour. Moi aussi, j'ai fait comme toi la Lucrèce avec mon premier amant, car en ce temps-là j'avais une inclination superbe pour la vie religieuse; mais le scélérat, après quinze jours de connaissance, brusqua tellement l'aventure, que ma vertu faillit et s'en alla à vau-l'eau. Ce fut après cet accident que mademoiselle Marguerite Bidois, dite Psyché, fille non émancipée de Pierre Grenouillet Bidois, restaurateur de chaussure humaine, s'est vouée à corps perdu dans celui des ballets du grand Opéra.

Toutes ces paroles, dites avec volubilité, et accompagnées d'un pas de sylphide, restèrent sans réponse aucune, et le retour de Tonton mit fin à l'impatience et à l'embarras de Lucien et d'Adeline.

— En voiture! en voiture! et surtout

n'oublions pas quelques flacons de Bordeaux, le pâté de chez Félix et la poularde froide, sans cela, monsieur et mesdames, famine complète en route.

Tout est aussitôt disposé, emballé selon les désirs et précautions de Tonton, et l'on monte dans l'élégante calèche que les chevaux emportent aussitôt vers le faubourg Saint-Martin et la barrière de la Villette.

Deux heures en route et l'on arrive à Louvre, bourg situé à mi-chemin de Paris à Senlis. La calèche traversait le pays, les chevaux allaient au pas; lorsque des cris de joie partant d'une auberge se firent entendre. En un rien de temps, la voiture fut entourée d'une foule de jeunes gens des deux sexes, riant, criant et jabaudant. C'était la troupe dramatique et comique, occupée un instant avant à prendre dans la salle basse de l'auberge, et aux dépens du directeur bénéficiaire, un ample déjeûner, et dont plusieurs membres avaient reconnu Adeline et Psyché dans les élégantes qui occupaient la calèche. Il faut céder à leur désir, descendre de voiture et entrer à l'auberge participer à leur repas ; impossible de s'en exempter tant les prières sont vives ; ensuite ce sont des amis, des camarades, de très-mauvais ton sans doute, et bruyans à fendre la tête, n'importe ! Au grand déplaisir de Tonton, Adeline donne l'ordre au cocher de déballer les comestibles, le vin, d'apporter le tout à la table commune. La vue et l'odeur du pâté renouvelle l'appétit de la troupe; on boit, on mange comme au premier déjeûner; car rien au monde de si affamé que le comédien et surtout le comédien en herbe, pour lui la faim-valle semble à l'ordre du jour. Le repas est terminé, le temps presse, il faut partir; mais il manque trois de ces messieurs; où sont-ils? dans le poulailler de l'aubergiste à dénicher les œufs frais en cachette, cela donne du ton à la voix; et la bonne farce d'exciter de nouveau les rires.

— En voiture! fait entendre l'impatient directeur.

Alors d'entendre les plaintes de ces dames, qui toutes lorgnent d'un œil envieux la calèche d'Adeline, et se trouvent horriblement pressées et froissées dans le détestable coucou; plus, c'est que deux d'entre elles renoncent à y remonter et menacent de regagner Paris. Embarras du pauvre directeur, qui ne sait plus où donner de la tête, et dont le regard piteux se promène de la calèche sur Adeline et d'Adeline sur la calèche.

— Mesdemoiselles, vous n'êtes pas raisonnables; voulez-vous donc, par votre absence, faire manquer la représentation ? Songez à l'embarras dans lequel vous me jetteriez, que mes frais sont énormes; de grâce ayez pitié de moi.

Discours perdu, plaintes inutiles, elles ne veulent plus entendre raison.

— Comment faire alors, les voitures publiques ne doivent passer que fort tard, quel moyen donc de transporter les deux bégueules?

— En les faisant monter avec nous dans notre voiture, dit Adeline.

— Que de bonté! exclame le directeur.

— C'est fort bien; mais moi je ne quitte pas ainsi ma fille, et si l'on ne m'admet pas aussi dans c'te calèche, je défends à Flore d'y grimper, dit madame Goblin d'un ton sec.

— Eh bien! et moi donc! Croyez-vous

que j'abandonnons aussi not' fille, et que j'voulons rester seule avec tous ces petits cabotins, pus souvent! fait entendre à son tour une vieille femme d'une énorme circonférence.

— Que le diable emporte les mères et les tantes! s'écrie Tonton.

— Tiens! monsieur Tourniquet; il est encore poli.

— Écoutez donc, respectables douarières; savez-vous qu'il est par trop cruel pour un malheureux directeur de banlieue d'être contraint de traîner, empâter et goberger des inutilités de votre espèce, dit Jolivet aux deux vieilles femmes.

— Ce polisson! je crois qu'il se permet de nous traiter de douarière, s'écrie madame Goblin rouge de colère.

— Et pis, d'inutilités, ajoute la tante.

— Flore! descendez de c'te voiture; car

mame Gogo et moi ne voulons rester davantage dans une société ousqu'on nous insulte.

— Ma nièce, n'y montez pas, je vous le défendons; car nous retournons à Paris avec mame Goblin.

— Mais, mesdames, et ma représentation de ce soir! dit le directeur hors de lui.

— Tant pis! ça vous apprendra à avoir plus de considérations pour les mères de vos artistes, monsieur Ducroc, et à ne pas les emballer comme des z'harengs dans une caque.

— Il fallait vous plaindre à Paris en montant en voiture, alors on aurait remédié à cet inconvénient.

— C'est juste! fait Lucien que toutes ces tracasseries tourmentent autant que le directeur.

— Est-ce que je savions que je serions si mal, dit madame Gogo.

— A bas les mamans! ça écorne la recette, crie Jolivet aux oreilles de madame Gobelin, qui, se retournant vivement, le paie de son impertinence par un coup de son parapluie.

— Ah! c'te balle! ajoute le jeune homme en se sauvant et sautant dessus les épaules de M. Mitonnet, jeune premier de la troupe, qui, ne s'attendant pas à la secousse, chancelle et va tomber sur un banc de pierre qui lui met le nez en marmelade.

— Peste soit de l'animal! s'écrie la victime dont le visage est bientôt couvert de sang.

— Bon! autre disgrâce! fait le directeur au désespoir en déplaçant son toupet, croyant s'arracher une poignée de cheveux.

On ne s'entend plus; les injures, les cris, les pleurs et les ricanemens font un charivari épouvantable.

— Ma fille! vous ne partirez pas!

— Ma nièce, suivez-moi! Je ne prétendons pas exposer votre réputation en vous laissant aller toute seule avec si mauvaise société.

— Ces vieilles ganaches ont juré de me ruiner; c'est abominable!

— Mais, ma tante, laissez-moi donc tranquille, vous m'étourdissez; car enfin si je veux y aller, je suis libre, j'espère?

— Maman, vous vous conduisez d'une façon bien commune.

— Houp! houp! maman Goblin! crie Jolivet.

— Sacré mâtin! que je souffre! j'en serai défiguré; scélérat de Jolivet! Comment jouer ce soir? voyez comme cela enfle.

— Bah! une égratignure, un rien! Tu es une poule mouillée, mon pauvre Mitonnet.

— Mais partons donc! pour l'amour de Dieu! En voiture! en voiture!

— Ni moi, ni Flore ne partirons, sapresti! s'écrie la maman Goblin en frappant du pied.

— Allons, mesdames, prenez pitié de ce pauvre directeur et veuillez prendre place ainsi que vos deux demoiselles, dans ma calèche où nous tiendrons six facilement; M. Lucien et Tonton vous cèdent chacun la leur, dit Adeline aux vieilles femmes, dont elle gagne aussitôt le suffrage.

— A la bonne heure, v'là qu'est poli et acceptable; fallait donc le dire tout de suite, fait entendre madame Gogo d'un air mignard et en grimpant de suite dans la voiture, où la suit aussitôt madame Goblin et les deux jeunes actrices. Fouette cocher, et la calèche roule avec rapidité.

A son tour le coucou se remplit; M. Mitonnet, vu son état de souffrance, prend place dans le fond; Tonton, assez mécontent de l'échange, afin de trouver un peu de compensation, s'assied entre deux petites femmes assez passables, et le pauvre Lucien à côté de la duègne; le reste en lapin près du cocher, et la machine se met en marche aussi vite que le permettent les forces d'un cheval maigre et poussif. Les discussions de l'auberge de Louvre avaient fait perdre un temps précieux, aussi la troupe devait-elle arriver à Senlis à la nuit tombante et après deux heures de retard : aussi rien n'égalait l'impatience du directeur malencontreux, qui sans cesse suppliait le cocher de presser le pas de son haridelle; mais la pauvre bête, quoique éreintée de coups, n'en allait pas plus vîte. Le trot pesant de l'animal, la chaleur excessive, tout enfin avait contribué à plonger les personnages de l'intérieur de la voiture dans un profond sommeil; hors Tonton et une de ses voisines, brunette aux beaux yeux, à qui le gros danseur en contait assez vivement en se permettant même de joindre les gestes aux paroles, malgré la toute petite résistance qu'opposait la jeune femme aux entreprises audacieuses du galant.

— Ah! finissez, finissez; il y a-t-il l'ombre du sens commun dans ce que vous exigez là? si Jolivet allait s'éveiller, jugez donc ce qu'il penserait de moi. Finissez! finissez!

Et la dame, qui en ce moment joignait le geste aux mots en essayant à retenir la main effrontée de Tonton, accroche la queue du cocher placé en face d'elle, et entraîne l'homme en arrière. Malheureusement, le même mouvement venant à s'opérer dans les guides, le cheval se met à reculer ; et tandis que le cocher attend complaisamment que la dame ait débarrassé la camée de son bracelet emmêlé dans ses cheveux, la voiture dérive et, à reculons, va s'enfoncer doucement dans une petite rivière qui borde la route en cet endroit. Effroi général des voyageurs réveillés par la fraîcheur de l'eau qui les mouille en ce moment jusqu'au nombril, et transforme la voiture en une espèce de baignoire.

Le cocher, sans plus perdre de temps, essaye, un peu tard il est vrai, de sauter en bas de la voiture ; mais ainsi que les gens qui se noient et s'accrochent à tout, chaque personnage s'est emparé d'une partie de sa personne, et malgré ses juremens et ses efforts le cloue en ce moment sur son siége à n'en pas bouger.

Heureusement, que parmi tous, un seul n'a pas perdu la tête, et celui-là, c'est Lucien, qui escaladant par dessus les poltrons, parvient à sortir de la boîte et à sauter dans l'eau, où baigné jusqu'aux épaules, il s'efforce, avec une peine incroyable, à faire avancer la maudite rosse qui raidit les jambes de devant et semble, en demeurant à la même place, prendre un malin plaisir à prolonger l'effroyable position dans laquelle elle vient de placer la troupe, rien moins que comique en cet instant.

Enfin le cocher est parvenu à faire lâcher prise et à quitter la voiture; chaque homme le suit, malgré les cris, les supplications des dames, qui elles-mêmes, grâce aux fortes épaules des messieurs, sont bientôt transportées à terre.

Encore un peu de courage, et le cheval, débarrassé de sa charge, ramène sans autres difficultés la voiture sur la grand'-route. Encore deux lieues à faire, et dans quel état, grand Dieu! mouillés des pieds à la tête et grelottans de tous leurs membres; telle est la position critique des infortunés.

Une voix se fait entendre; c'est celle de Lucien, proposant de gagner l'habitation la plus voisine, afin d'y pouvoir sécher les habits.

— Impossible! s'écrie le Directeur, et la représentation; comptez-vous la commencer à minuit? ignorez-vous que les gens de province se couchent comme les poules?

— Au diable le spectacle! la santé avant

tout, répètent les dames et M. Mitonnet, dont le nez ressemble en ce moment à une pomme de terre de Hollande et lui cause des douleurs excessives.

— Une idée! une idée superbe! s'écrie Jolivet du ton d'un inspiré, la malle qui renferme nos costumes de théâtre ne peut être mouillée, puisqu'elle est sur l'impériale du coucou; hâtons-nous de l'atteindre, de l'ouvrir et de nous habiller tout prêts pour ce soir; par ce moyen il y aura du temps de gagné et des rhumes de moins

— Approuvé! approuvé! malgré l'opposition du Directeur.

Aussitôt dit, aussitôt à l'œuvre; la malle contient les costumes nécessaires à la représentation du *Barbier de Séville* et du *Dépit amoureux* qu'on doit jouer dans la soirée, c'est plus qu'il n'en faut pour la transformation de la bande.

On se met à l'œuvre, et le champ d'osier voisin, procure aux dames un abri aussi mystérieux que commode.

Une demie-heure s'était écoulée et le coucou roulait de nouveau, emportant nos jeunes comédiens affublés chacun du costume de son emploi.

Une lieue de faite sans nouvel accident, c'est beaucoup pour des gens enguignonés, mais, hélas! au moment d'entamer la seconde et dernière, plusieurs gendarmes apparaissent au détour d'un petit bois, et frappés de surprise en apercevant trois lapins transformés en Bartholo, Bazile et Figaro, s'écrient :

— Holà! sommes-nous donc en carnaval, messieurs, pour courir sur la route, ainsi vêtus? dit le brigadier en barrant le chemin et arrêtant la voiture. Parbleu! la cargaison est complète, ajoute-t-il en plongeant ses regards dans la voiture ; que signifie cette mascarade ? êtes-vous une bande de bohémiens ?

Lucien, sous l'habit du comte Almaviva, prend la parole et raconte aux bons gendarmes leur mésaventure de la rivière et la nécessité où ils ont été de changer leurs vêtemens mouillés, contre ceux des différens rôles que les comédiens doivent jouer à Senlis dans la soirée.

Mais comme un gendarme, par esprit de métier, ne doit jamais croire personne sur parole ; et voir même un malfaiteur dans chaque personnage qu'il rencontre ; notre brigadier incrédule, invite donc toute la bande comique à venir s'expliquer devant le maire de la commune la plus voisine.

— Et ma représentation, messieurs ! s'écrie le Directeur.

— Elle sera pour demain, si vous êtes

dignes d'être relâchés. Allons, suivez-nous.

Et la brigade d'entourer la voiture, qu'elle fait retourner sur ses pas au grand désespoir de M. Ducroc, le directeur.

Une grande demi-heure de marche dans un chemin de traverse, puis on atteint un chétif hameau, dont les habitans, ébahis par la nouveauté des costumes, entourent bientôt la voiture.

— Ce sont des princes, disent les uns ;

— Eh non ! c'est le bœuf gras, que je te dis, répond un autre.

— Papa, c'est-y le roi, ces messieurs-là ? demande un moutard au nez morveux.

— Le maire est-il chez lui ? s'informe le brigadier près des paysans.

— Ous qu'il est ? à déterrer d'la pomme

de terre dans son champ, répond un d'eux.

Et un gendarme se détache pour courir après l'autorité qu'il ramène, un instant après, en bonnet de coton, des sabots aux pieds, et un panier de pommes de terre au bras.

D'après une invitation faite d'une manière assez brutale, toute la troupe se rend à la mairie et comparaît devant le maire : vieillard à cheveux blancs, à l'air vénérable, qui, avec attention et politesse, écoute les explications données une seconde fois par Lucien.

— Je sommes tenté de vous croire, mes enfans, répond le maire villageois; car, si vous étiez des fripons, vous fuiriez la grand'-route et ne roulerions pas dessus en plein jour, avec ces biaux habits qui brillons au loin ni plus ni moins que des soleils; oui, je concevons vos raisons et je vous permettons d'vous remettre en route pour vot'e destination; mais pour ben convaincre messieurs les gendarmes qu'vous venez dire rien que la vérité, je les engageons à vous accompagner jusqu'à Senlis, ousque vous disez qu'on vous attendons, et là vous serez libre d'vos volontés.

Chaque personnage de la troupe remercie le vieillard de sa bonne opinion; puis on remonte dans le coucou, qui se met en route, escorté devant et derrière par les grippes-Jésus du canton.

Hélas! nos malheureux comédiens n'avaient point encore épuisé le calice d'amertume jusqu'à la lie; un affront des plus sanglans, leur restait encore à essuyer. Une demi-lieue était à peine franchie, que le maudit cheval, déjà cause de tant de tribulations, refuse tout d'un coup d'avancer; en vain les coups de fouet tombent-ils comme grêle sur sa misérable carcasse, impossible de lui faire faire un pas de plus. Mais, en revanche, l'animal rue du devant et du derrière; se cabre et tombe ensuite sur la terre, sans force ni mouvement.

Un bouleversement total vient donc de s'opérer dans l'intérieur du damné coucou, d'où s'échappent des cris de douleur et d'effroi; trois lapins lancés sur la route et étourdis de la chute, barbotent dans la poussière; Lucien, le premier relevé, vient de suite, malgré une forte contusion à l'épaule, au secours des jeunes femmes enfouies en ce moment au fond de la voiture, sous le poids énorme de Mitonnet et de Tonton. Le jeune homme, non sans peine, parvient, aidé du cocher, à arracher les infortunés de la voiture. Tonton, se plaint d'une entorse qui l'empêchera de danser avant un mois ; Mitonnet, crie son nez qui a reçu un nouveau choc; Jolivet, sa tête où s'élèvent deux énormes bosses, et les dames de fortes douleurs en un endroit situé un peu plus bas que les reins.

Décidément la rossinante, épuisée de fatigue et de faim, est dans l'impossibilité de se remettre sur ses jambes.

— Que faire alors ?

—Aller à pied, et partir de suite, répond brusquement le brigadier.

— A pied, ainsi vêtus, et escortés par la gendarmerie! impossible! s'écrient Jolivet et Tonton, furieux de la proposition.

C'est encore Lucien qui porte la parole et fait sentir au brigadier l'inconvenance de sa proposition ; mais c'est en vain qu'il pérore et fait serment de la moralité de ses camarades ainsi que de la sienne; il faut marcher et de suite. Le cocher seul obtient la permission de rester près de son équipage. Deux gendarmes placent les femmes en croupe derrière eux, malgré leurs scrupules et leurs cris, et, caracolant autour des malheureux piétons, le reste les contraint à marcher de force, sans pitié pour l'entorse de l'infortuné Tonton qui, du profond de son âme, envoie la partie théâtrale à tous les diables.

Plus adroit que ses tristes compagnons, Lucien, qui marchait à la queue, parvient à s'échapper en se jetant dans les taillis d'un bois, non par crainte de la justice, mais pour essayer à gagner les devans par le moyen d'un détour, et arriver à Senlis, afin de prévenir ceux qui les y attendent de leur mésaventure et éviter, s'il se peut, à la troupe comique, une entrée dans la ville aussi humiliante que celle qui leur était réservée. Peine inutile, car en cherchant à éviter la grande route, l'obligeant Lucien s'égara complètement et n'arriva à la ville que long-temps après que la troupe comique y eut fait son entrée à travers la foule et les cris de la populace assemblée. Il était neuf heures du soir alors, et il fallut un temps infini pour faire reconnaître les comédiens par les autorités et obtenir leur mise en liberté.

Recette perdue, désespoir du Directeur, se voyant dans l'impossibilité de donner la représentation le soir même, et de soutenir les frais que lui occasionnera, jusqu'au lendemain, le séjour de la troupe à Senlis. Que faire donc! achever de se ruiner en louant de suite une autre voiture pour ramener, au plus vîte, à Paris, cette clique cabotine, qui en ce moment, sans seulement daigner s'occuper de son directeur, boit et mange à ses frais, et semble, dans une gaieté parfaite, oublier les tribulations de la journée.

Mais Adeline a deviné l'embarras du malheureux directeur; il est père de famille, peut-être sa femme, ses enfans attendent-ils, pour avoir du pain, qu'il leur rapporte le fruit de son travail, et peut-être vient-il de perdre en frais inutiles sa dernière ressource; mais elle a de l'or, grâce à la générosité de lord Betson; aussi, s'approchant du directeur, lui glisse-t-elle dans la main un billet de banque de cinq cents francs, en lui disant :

— A demain la représentation, nous coucherons tous ici.

Hélas! pourquoi donc ce beau trait ne porta-t-il pas bonheur à Adeline? pourquoi, le lendemain, les bourgeois de Senlis eurent-ils l'infamie de siffler en elle une des plus jolies femmes de Paris? Par ce qu'il n'en est pas en province comme à Paris, qu'il n'y suffit pas qu'une actrice soit belle pour réussir, mais qu'il faut encore qu'elle ait du talent, et qu'Adeline avait été détestable dans son rôle de Rosine, du *Barbier de Séville.*

IV

Incidens divers.

Un mois s'est écoulé depuis qu'Adeline est revenue de Senlis, le désespoir dans l'âme, humiliée, et les larmes du dépit sur la paupière; un mois donc que, dans l'espérance de réparer par un triomphe, une chute honteuse; la jeune fille enfermée chez elle donne tout son temps au travail, et fuyant les importuns et les distractions, ferme sa porte à tous ses amis. Un seul homme est cependant excepté de cette proscription et celui-là n'est autre que lord Betson; pourquoi? parce que l'or ouvre toutes les portes, parce qu'une femme qui vend son amour, a pour seigneur et maître celui qui le paie, et qu'une trop longue absence éteindrait trop vivement chez l'acquéreur une passion où les sens sont tout et l'estime rien.

Il est trois heures, la femme de chambre vient annoncer lord Betson.

— Qu'il entre.

Et l'Anglais, le sourire sur les lèvres, et laissant voir deux rangées de dents assez semblables à celles d'un cheval, s'avance et vient se placer près d'Adeline.

— *How do you do this morning, miss?*

— Mylord, faites-moi le plaisir de me parler français, répond la jeune fille à l'Anglais.

—Yes, yes, miss, comment vous se porter ce matin?

— Très bien, mylord.

— Vous être aujourd'hui d'une beauté admirable, mon amie!

—Vous trouvez, mylord?

— Oh yes, yes; vous être sublime beaucoup fort, et moi rôtir de l'impatience de être votre époux.

— C'est brûler, que vous voulez dire, mylord!

—Yes, moi brûler, de appeler vous milady Betson.

— Prenez patience, mylord, encore huit jours et je vous ferai connaître ma décision.

— Oh! oh! miss! fait Betson, se pâmant d'amour à cette réponse et baisant avec transport les mains de la jolie fille.

— Ainsi donc mylord, vous persévérez toujours à vouloir m'emmener dans votre triste Angleterre?

— Yes, miss, le Angleterre être un pays magnifique.

— Oui, dans ses effets de brouillards. Ah! mylord, j'ai bien peur, si je cède à vos désirs, de périr d'ennui dans votre pays; oui, l'amour que je ressens pour vous, l'admiration que j'éprouve pour vos nobles qualités, seront les seuls motifs capables de me faire abandonner ma belle France; cette France, où les femmes sont si heureuses, les arts tant chéris et la liberté si vantée.

— Oh miss! vous être beaucoup fort admirée, heureuse à London.

— Allons, nous verrons cela, mylord. A propos! je vous annonce mes débuts dans cinq jours, j'espère que vous y assisterez?....

— Yes, yes, avec contentement miss.

— Mylord, il serait utile, afin de bien disposer les journaux en ma faveur, que j'envoyasse quelques présens aux principaux rédacteurs; chargez-vous donc d'en faire l'emplette.

— Yes, yes, miss.

— Vous comprenez? quelques pièces d'orfévreries, enfin quelque chose de riche et de bon goût.

— Yes, yes!

— Ensuite il reste de la dernière importance d'avoir pour moi le parterre en entier, car cet aréopage est souvent funeste aux débutans; il vous faudra donc en retenir tous les billets; cette dépense est une bagatelle.

— Yes, miss, moi acheter tous les billets et être tout seul au parterre pour applaudir le talent à vous.

— Plaisantez-vous, mylord? être seul au parterre! non pas, nous distribuerons les entrées à nos amis et surtout à la cabale, car je veux être applaudie et redemandée après la pièce.

— Yes, yes, et moi jetter à vous un paquet de fleurs comme à miss Mars.

— Une couronne, par exemple! ce serait d'un effet aussi flatteur que galant.

— Yes, un couronne, deux couronnes, trois couronnes, miss!

— Cela paraîtrait exagéré, une seule devra suffire le premier jour.

Ici l'entretien fut interrompu, au grand déplaisir de l'amant généreux, par l'annonce d'une nouvelle visite très inattendue; celle enfin, de mademoiselle Adrienne, venant en cachette et à l'insu de madame Duplan, sa tante, embrasser sa compagne d'enfance, qu'elle n'avait pas vu depuis près d'un an ; aussi à son nom, Adeline vient-elle de bondir de joie et d'ordonner, malgré la présence du mylord, qu'on introduise aussitôt la jeune fille, audevant de qui Adeline s'élance et l'entraîne sur le devant, après l'avoir embrassée à plusieurs reprises.

— Toi, chez moi! Adrienne; oh! que je suis contente et que ta présence me comble de joie.

Puis se tournant vers l'Anglais, qui fixe en ce moment la nouvelle venue, avec des yeux charmés.

— Mylord, je vous présente ma jolie cousine, cette bonne Adrienne, dont je vous ai si souvent entretenu.

— *God! god!* cette miss être on ne peut plus jolie!

Et l'Anglais de se lever et de prendre la main de la cousine, qu'il presse dans la sienne avec une tendre aménité.

— Adrienne, comme il y a long-temps que nous ne nous sommes vues! pourquoi me fuir et ne pas venir plus souvent me donner de tes nouvelles et de celles de la famille? Oh! si tu savais combien ta présence me fait du bien.

Adrienne qui n'ose, en présence d'un tiers, avouer le véritable motif de ses longues absences, en rejette la faute sur ses études et ses nombreuses occupations.

— Allons donc, lord Betson, plutôt que de faire rougir ma cousine à force de la contempler, allez vous occuper des emplettes dont je vous ai chargé tout à l'heure. Adieu, mylord, je compte vous revoir demain, surtout n'y manquez pas, car je vous attendrais avec la plus grande impatience.

—*Goddam!* fait l'Anglais entre ses dents, assez mécontent du congé qu'on lui donne.

Mais Adeline qui s'aperçoit de sa mauvaise humeur :

— Vous ne m'en voulez pas, mylord, de ce que je désire être seule un instant avec ma cousine? c'est que nous avons tant de choses à nous dire, tant de souvenirs à rappeler! dit-elle en présentant au lord une main blanche et potelée qui sert aussitôt la sienne avec mystère et tendresse.

Ce geste, accompagné du plus gracieux sourire, désarme le courroux de l'amant, qui après avoir salué Adrienne d'une façon toute amicale, se retire dans la pièce précédente où le suit Adeline, puis s'éloigne entièrement après avoir cueilli deux amoureux baisers sur une bouche enchanteresse.

— Enfin nous voilà libres, ma chère Adrienne, dit Adeline en rentrant dans la pièce, et revenant s'asseoir près de la jeune fille; j'espère, ma chérie, que tu passes la journée entière avec moi?...

— Oh non! impossible, Adeline, ma tante ignore que, malgré sa défense, je suis venue te voir, et en restant trop longtemps chez toi, elle s'inquiéterait de mon absence et me gronderait peut-être.

— Faible fille, qui n'ose, à dix-huit ans, s'affranchir d'une semblable tyrannie, qui n'ose venir voir sa sœur, son amie d'enfance, parce qu'une femme exigeante et jalouse le lui défend.

—Mais, Adeline, cette femme est bonne, juste au contraire; oh! nous devons la respecter, lui obéir; elle est notre tante, notre seconde mère, puisqu'orphelines toutes deux dès notre plus tendre enfance, elle veilla sur nous avec la plus tendre sollicitude.

— Est-ce une raison pour prétendre nous tenir éternellement en sa tutelle? demande Adeline.

— Dis plutôt que sa douce prévoyance est infatigable envers nous; que, tendre mère, elle essaye à nous maintenir sous ses ailes protectrices pour nous garantir des dangers.

— Je te félicite de prendre la chose ainsi, ma bonne Adrienne; quant à moi qui n'ai pas cette vertu, fatiguée d'être traitée comme une petite fille, j'ai cru devoir me débarrasser d'une domination aussi insupportable que nuisible à mes projets de fortune; maintenant, plus de murmures incommodes, liberté tout entière, et ce dernier article, vois-tu, est tout pour une artiste. Aussi, maîtresse de me livrer à un art dont je raffole, ai-je étudié avec ardeur, puis acquis quelques talents qui me permettent de débuter dans cinq jours à la Comédie-Française.

— Oh! que mon bon oncle sera content lorsqu'en cachette de ma tante, qui ne peut pas sentir le théâtre, je lui apprendrai cette heureuse nouvelle.

— A propos, il y a long-temps qu'il n'est venu me voir le cher oncle.

— Je crois bien, ma tante le lui défend ainsi qu'à moi, sous peine de se séparer de nous, si elle apprenait que nous osassions enfreindre sa volonté à cet égard.

— Bah! un bon succès légitimera ma désobéissance et me vaudra le pardon de la chère tante; combien d'artistes sont redevables de leur gloire à pareille rebellion que la mienne, et dont les familles en contrariant leurs vocations, étouffaient le génie.

— Tant mieux! hâte-toi de réussir, ma chère Adeline, car je m'ennuie horriblement de ne plus te voir chaque jour. Mais sais-tu que c'est fort beau chez toi, ajoute Adrienne en parcourant la chambre des yeux.

— Oui, c'est de bon goût, répond Adeline.

— Tous ces meubles, ces dorures, ces choses de fantaisies qui ornent ta cheminée, tes consolles doivent coûter un prix fou?

— Fort cher, en effet.

— Mais, après avoir fait une si énorme dépense en mobilier, il a dû te rester fort peu de chose de la succession provenant de ton père?

— Presque rien.

— Comment fais-tu donc alors depuis le temps, pour soutenir les dépenses de ta maison?

— Oublies-tu que je suis modiste? eh bien! je travaille de cet état en même temps que pour le théâtre, et cela me met à même de tenir le ton que tu me vois.

— Ah! fait Adrienne d'un air surpris. Dis-moi encore, ma bonne Adeline, ce monsieur anglais qui sort d'ici doit être sans nul doute le mari de quelque dame que tu coiffes?

— Non pas! répond Adeline, souriant à la naïveté de sa cousine; ce monsieur est un lord d'Angleterre et possède une fortune immense; et, de plus, il ne tient qu'à moi d'être sa femme et la maîtresse de ses biens.

— En vérité! fait Adrienne en ouvrant de grands yeux.

— Oui, ma chère petite; lord Betson m'adore et m'offre en ce jour son cœur et sa main. Qu'en dis-tu, Adrienne, est-ce dans la loge enfumée du cher oncle que tu trouverais un semblable parti?

— Non; mais je suis peu ambitieuse, répond la jeune fille en soupirant. Eh bien! tu acceptes ces offres honorables?

— Hum! oui et non.

— Oh! je te devine; tu crains de désespérer ce pauvre Lucien qui t'aime tant.

— Pas le moins du monde; j'estime Lucien, mais ne l'aime pas d'amour, et je ne serais pas assez sotte pour sacrifier un brillant avenir à la crainte de désespérer un peu plus un amant aussi obstiné qu'incommode.

— Alors pourquoi hésiter à t'assurer un nom et une fortune?

— Parce que lord Betson est, comme tous ses compatriotes, entiché de son maussade pays, et qu'il ne consent à m'épouser qu'à la condition que je le suivrais à Londres.

— Qu'importe! avec de la richesse on est heureux à Londres comme à Paris.

— D'accord! mais j'idolâtre le théâtre; il m'offre de même une carrière de plaisirs et de fortune, et, en plus, une extrême indépendance. Or donc, je veux en essayer avant de me prononcer envers lord Betson, dont je suis fort peu éprise, je t'assure.

— Ainsi, si tu réussis au théâtre, tu resteras comédienne; et, au cas contraire, tu épouses lord Betson? dit Adrienne.

— Oui, ma chère.

— Prends garde, Adeline; la carrière que tu embrasses avec tant de transports est, dit-on, fort ingrate; réfléchis avant de lui sacrifier l'offre d'un honnête homme, qui, blessé de ton refus, te retirera son estime et sa confiance.

— Allons, allons, tu es un parfait avocat; et s'il t'entendait ainsi plaider sa cause, le cher mylord te diviniserait. Mais en revanche, que penserait Lucien?

— Lucien! fait Adrienne en rougissant, puisque tu ne l'aimes pas, pourrais-tu faire son bonheur?

— Non!... Ah! qu'il eût mieux fait de t'aimer, toi, ma douce Adrienne. Oui, tu es la femme qui lui convient; ensemble vous seriez tranquilles, heureux; tandis qu'avec moi!...

En ce moment un bruit affreux de sonnette se fit entendre, et bientôt lui succéda de non moins bruyans éclats de rire; puis Psyché et Tonton, auteurs de tout ce vacarme, s'élancèrent dans la chambre au grand train de galop, et enlacés dans les bras l'un de l'autre.

— Quel tapage! s'écrie Adeline d'un ton moitié fâché; mais, sans daigner tenir compte de cette remarque, les galopeurs n'en continuent pas moins de tourner autour de la chambre jusqu'à ce que, épuisée par la fatigue, Psyché vienne tomber sur le divan déjà occupé par les deux cousines.

— Dieu! que vous avez mauvais ton, Psyché; ne vous apercevez-vous pas que je suis en compagnie?

— Ah! bah! tant pis, ma foi! J'ai trop envie de m'amuser aujourd'hui pour m'assujétir à la moindre étiquette; ensuite Adrienne est une de nos connaissances.

Ainsi pourquoi se gêner devant elle? Mais au lieu de nous faire la moue, c'est toi, Adeline, qui devrais au contraire nous adresser des excuses, pour avoir eu l'infamie de nous fermer ta porte depuis trois semaines; et Dieu sait quand tu nous l'aurais ouverte, si Tonton et moi n'avions décidé, d'un commun accord, de rompre aujourd'hui l'incivile consigne qui interceptait ta présence à tes amis, et cela depuis un siècle.

— Et votre précieuse santé, en quel état se trouve-t-elle, belle Adeline? demande Tonton sans quitter la place devant laquelle il exerce ses jambes en cet instant, le dos tourné vers les jeunes filles.

— Ah! ça, Tonton, tâchez donc d'être plus poli; et, laissant là vos éternels jeté-battus, de nous montrer votre visage quelque laid qu'il soit.

Tonton se rend à l'invitation, s'approche du divan; et, comme c'est la première fois qu'il voit Adrienne, ses yeux s'arrêtent sur elle avec admiration.

— Délicieuse! adorable! véritable sylphide! s'écrie-t-il tout transporté. Mademoiselle est artiste?

— Oui, artiste peintre, répond Adeline.

— Fi donc! avec une taille, un pied semblable, être peintre lorsqu'on possède tout pour faire une danseuse accomplie.

— Vous êtes orfèvre, monsieur Josse, reprend Adeline en riant.

— Non, je suis danseur, belle dame; vous ne l'ignorez pas, répond Tonton très-sérieusement.

— Oui, dont tout l'esprit est descendu dans les jambes, ajoute Psyché.

— Méchante! fait Tonton essayant de donner à sa figure un petit air mignard, et ne parvenant à faire qu'une affreuse grimace.

— Mais quel hasard de rencontrer Adrienne ici? fait observer Psyché; la chère tante Duplan a donc mis de l'eau dans son vin, et enfin rendu justice à la vertu et aux talens de sa nièce Adeline?

— Non pas! ma tante est trop rancunière pour cela, et m'en voudra jusqu'à la mort pour m'être affranchie de son autorité; mais ma bonne Adrienne est trop juste pour partager l'opinion de notre chère parente, et, devinant le plaisir que sa présence me procurerait, elle est venue en cachette passer la journée avec son amie d'enfance.

— Elle a joliment bien fait; car elle doit terriblement s'hébêter avec ses vieux parens.

— Vous vous trompez, mademoiselle;

près d'eux je trouve amitié et protection, et je ne m'éloignerais qu'avec regret de parens que j'aime et respecte, reprend Adrienne avec sévérité.

— Bégueule! fait tout bas Psyché.

— Aimez-vous la danse, divine Adrienne? demande Tonton d'un ton brusque.

— Comme agrément, oui monsieur.

— Et comme art?

— Je l'admire avec plaisir.

— Alors, belle enfant, je veux vous arracher à d'ignards parens; vous former dans l'art de Therpsicore; et faire de vous la plus aérienne sylphide, la plus délicieuse bacchante... enfin doter vos pieds mignons de cinquante mille francs d'appointemens. Heim! qu'en dites-vous?

— Merci de cette offre généreuse, monsieur; mais j'ai fort peu de dispositions pour cet art.

— Bah! bah! cela viendra. Voyez Psyché Bidois, nulle n'était moins propre à cet art que sa personne; elle végétait dans l'ignoble échoppe du savetier qui lui donna le jour. Eh bien! aujourd'hui, grâce à mes soins, la voilà lancée avec avantage sur la scène du grand Opéra, et placée dans le chemin de la fortune.

— Encore une fois merci, monsieur; car, en me destinant au théâtre, il me faudrait, ainsi qu'Adeline, quitter la maison de ma tante, et je serais alors sans nul moyen d'existence.

— Bah! crainte puérile, avec un tel minois une jolie fille n'est jamais embarrassée.

— Je ne vous comprends pas, monsieur.

— Je veux dire, bel ange, qu'ainsi que votre cousine, vous trouveriez aisément un protecteur qui, comme lord Betson, serait trop heureux de subvenir à vos besoins, et se trouverait charmé de manger avec vous sa fortune.

— Quel langage! s'écrie Adrienne rouge d'indignation.

— Quoi donc? demande aussitôt Adeline qui, occupée avec Psyché à l'extrémité de la pièce, n'a pas entendu l'entretien. Qu'as-tu donc, Adrienne? comme tu parais animée?

— Est-ce que par hasard ce scélérat de Tonton vous aurait débité quelques bêtises? demande à son tour Psyché.

— Non! non! répond Adrienne encore toute troublée et se levant de sa place.

— Ah! c'est que le traître est capable de vous en conter, et en ma présence encore; car monsieur s'enflamme aisément.

— Que fais-tu donc là, Adrienne? demande Adeline avec surprise, voyant la jeune fille remettre son chapeau et son châle.

— Je vais te dire adieu, Adeline; il est tard, et je crains que ma tante ne soit inquiète de mon absence.

— Comment, tu ne dînes pas avec moi? Mais tu m'avais promis que nous passerions ensemble le reste de la journée.

— Oh! ne me retiens pas, Adeline; je ne puis rester davantage.

— Mais la raison?

— Je te l'ai dit; ma tante me gronderait.

— La sotte! elle craint le fouet peut-être, murmure Psyché entre ses dents.

— Tonton, vous avez débité à Adrienne quelques impertinences qui l'ont indisposée contre nous? dit Adeline d'un air mécontent.

— Pas du tout; j'ai offert à cette jeune

divinité de l'initier dans l'art voluptueux que je professe.

— Je comprends; avec ce jargon qui vous est familier, et qu'on n'entend que dans les coulisses de l'Opéra.

En vain Adeline s'efforce-t-elle de changer la résolution de sa cousine; la jeune fille est inébranlable, et s'éloigne bientôt, au grand regret de la maîtresse du lieu, et au contentement de Psyché, qui, dit-elle, n'aime ni les mijaurées ni les saintes-n'y-touchent. Adeline revenant d'accompagner Adrienne jusqu'à la porte, rentra dans la pièce où l'attendaient le danseur et la danseuse.

— Ah! ça, non seulement nous sommes venus, Tonton et moi, pour te voir, ma chère, mais encore pour t'inviter à nous accompagner aujourd'hui jeudi au bal du

Ranelagh : endroit délicieux où se donne rendez-vous la meilleure société; ce soir, par exemple, tout le corps des ballets de l'Opéra doit s'y rendre; il y aura un monde fou, une musique parfaite; enfin fête complète. Voilà, ajoute Psyché, le véritable motif de notre visite, et ce qui m'a fait voir avec plaisir le départ de ta bégueule de cousine, qui, avec son air sucré, ne vaudra pas plus que nous lorsque l'occasion de faillir avec avantage se présentera chez elle.

— Tu es injuste, Psyché; Adrienne est un ange de bonté et de vertu; toi seule ne sais ni l'apprécier, ni l'estimer.

—Dam ! il est possible que je me trompe; mais je la trouve la créature la plus maussade du monde.

— Décidément, je pense de même; qui refuse d'être danseuse n'est pas digne de vivre, dit Tonton à son tour, en accompagnant cette remarque d'un rond de jambe et d'une pirouette en spirale; en vérité, ajoute-t-il, si l'enfant avait eue de la vocation, je lui aurais démontré la profondeur de l'art à un point tel! qu'un délirant temps de cuisse l'aurait lancée de suite sur notre scène lyrique, où elle eut écrasé ses rivales sous l'audace de ses balonnés aériens.

— Assez, Tonton, de grâce, assez pour le quart d'heure; mettez de côté votre enthousiasme, et sachons si Adeline accepte notre invitation, dit Psyché.

— Oui, fait entendre la jeune fille avec indifférence, après un instant d'hésitation.

— Alors, partons de suite; Tonton nous paie à dîner au bois de Boulogne, répond la jeune danseuse.

— Je ne puis vous accompagner aussitôt; j'attends Lucien qui doit à cinq heures venir prendre connaissance des suites de la démarche qu'hier je fis en faveur de sa pièce près du comité du Théâtre-Français.

— Et le bonheur de se rapprocher de la dame de ses pensées fait qu'il ne manquera pas d'être exact à l'heure du rendez-vous. Le pauvre garçon! en tient-il? Est-il jobard en amour celui-là? Ah! si c'était moi qu'une femme repousse avec tant d'inhumanité!...

— Qué feriez-vous, beau sire? demande Adeline en riant.

— Ce que je ferais!... Désespérant de réussir par les soins, la douceur, je brusquerais l'aventure, je prendrais avec un peu de brusquerie le roman par la queue, et ferais ma cour ensuite.

— Il y aurait violence, et ce serait infâme! fait Adeline.

— J'en conviens; mais ce serait le plus sûr moyen d'attendrir la cruelle; les femmes pardonnent si facilement à leur séducteur !

—Hélas! ma chère, voilà pourtant comme le scélérat en a agi envers moi, dit Psyché.

— Heureusement que je n'ai pas le même sort à craindre avec Lucien; car il est bon et généreux lui, et trop noble pour chercher à obtenir les faveurs d'une femme par la violence.

— Dites trop niais; aussi que gagne-t-il à cela? qu'un autre plus adroit, plus entreprenant, et que vous estimerez moins que lui peut-être, obtiendra un jour ce bonheur, cet amour qu'il implore de vous et que vous refusez à sa timidité.

— Un autre! jamais! s'écrie Adeline avec feu; pourquoi donc accorderais-je à un étranger ce que je refuse à l'homme que j'aime et estime le plus au monde, à l'homme capable d'un véritable amour, qui m'aime pour moi, et que je désespère, parce que je me crois indigne de lui après avoir prodigué mes caresses à un autre.

— Et puis et puis, parce qu'il ne possède rien, n'est-ce pas? soyez franche, belle Adeline.

— Parce qu'en même temps je redoute la misère, il est vrai ; mais si dans ce jour, la fortune m'arrivait, je serais heureuse de la partager avec Lucien. Alors, je me sentirais capable de lui sacrifier mes goûts d'indépendance et de devenir son épouse, s'il voulait pardonner ma faute après lui en avoir fait l'aveu. Mais, pauvres tous deux, ajoute Adeline, je ne me sentirais pas la force de faire son bonheur.

— Superbes sentimens ! Mais voyez un peu comme cette diable de richesse change de suite les choses et applanit les difficultés reprend Tonton d'un ton ironique.

— Laissons tous ces raisonnemens, dit Psyché, et puisque tu ne peux accepter notre dîner champêtre, fais en sorte de nous en donner un chez toi.

— Non, répond Adeline, car alors il me faudrait mettre Lucien de la partie et l'emmener ce soir à votre bal, ce dont je ne me sens nullement l'envie, voulant être libre de moi dans le courant de cette soirée, et non contrainte d'écouter l'éternel récit d'une passion que je ne puis ni ne veux encourager.

— A ton aise alors, mais au moins tu permettras que nous prenions le devant, après avoir reçu ta parole de nous rejoindre ce soir au Ranelagh où nous t'attendons avec impatience.

— Soit! A ce soir sans faute, répondit Adeline, et le couple dansant s'éloigna armé de cette promesse.

V

L'amant timide, le Ranelagh.

Une demi-heure d'attente, et Lucien, le bonheur, l'ivresse dans le cœur, la modestie dans le regard, se présenta devant Adeline.

— Bonjour, mon ami, venez vous asseoir près de moi. Je vous ai tenu parole Lucien; hier, je suis allée au Théâtre-Français, j'ai parlé à plusieurs sociétaires ; tous m'ont assuré avoir pris connaissance de votre drame et le trouvent bien, très-bien, à ça près de quelques légers changemens qu'on vous expliquera par la suite. Quant à la lecture générale, le comité ne pourra guère s'en occuper que le mois prochain, tant il est encombré d'ouvrages présentés avant le vôtre. Cependant, M. l'Ampoulé, mon professeur, m'a promis d'employer tout son crédit afin de vous obtenir un tour de faveur. Ainsi donc, espérez, mon ami, que vous n'attendrez pas long-temps la réponse qui doit décider le sort de votre drame.

— Merci ! cent fois merci, chère Adéline, de votre précieux intérêt; puisse-t-il me porter bonheur et que mon triomphe soit votre ouvrage.

— Ah! je serais si heureuse d'être témoin d'un de vos succès! car vous en obtiendrez, Lucien; oui, un jour, j'en suis certaine, vous serez célèbre et le plus noble soutien du théâtre français.

— Hélas! c'est une prédiction de fortune et d'honneur que vous me faites en cet instant, ma chère Adeline.

— Oui, oui, mon ami, parce que je suis persuadée qu'il en sera ainsi.

— Alors il ne devrait plus exister de chagrin pour moi; et confiante en ce brillant avenir, Adeline, en comblant tous mes vœux, devrait unir son sort à celui qui l'idolâtre plus que tout au monde.

— Oh! Lucien, pourquoi, lorsque l'amitié embellit votre avenir à mes yeux et me rend confiante envers vous, vous armer de mes propres paroles pour me tenir de nouveau un langage que je vous défends depuis long-temps?

— Parce que votre bouche me trompe, Adeline, en me promettant un avenir de bonheur et de joie, et qu'il n'en sera jamais ainsi pour moi sans votre possession.

— Enfant, qui dispose de sa vie en faveur d'un premier amour, et, au-delà de la possession de celle qu'il croit aimer sérieusement, n'entrevoit plus de félicité. Lucien, est-ce à votre âge qu'il est possible d'aimer sérieusement et pour la vie? Non, non, mon ami, à vingt ans, dans pareille circonstance, la tête agit seule, le cœur n'est pour rien.

— Ah! qu'avez-vous dit, cruelle! quoi vous douteriez de la véracité de ma passion et la jugeriez étrangère à mon cœur? Oh! que vous me faites de mal et que vous êtes injuste! En disant cela, le pauvre Lucien ne put retenir une larme qui tomba brûlante sur la main d'Adeline qui venait de s'emparer de la sienne.

— Lucien, c'est vous qui m'affligez au contraire, en exigeant que je commande à mon cœur et à ma raison. Oh! mon frère! oh mon ami, soyez donc plus sage, et jetez un regard attentif sur les suites d'une liaison entre vous et moi. Nous sommes pauvres, Lucien, bien pauvres! Vous, économe et modeste dans vos goûts, à peine si votre faible revenu suffit à vos besoins. Moi, ajoute Adeline avec embarras, envieuse de luxe et d'aisance, j'ai prodigué follement le léger patrimoine que me laissa mon père, et si bientôt un succès théâtral n'assure mon existence, j'ignore, hélas! ce qui m'est réservé. Voulez-vous donc, ami, unir nos peines et nos besoins?

Et si, repoussée des théâtres de la capitale je suis contrainte d'aller en province mendier un triste emploi, faudrait-il donc, quoiqu'époux, vivre sans cesse loin l'un de l'autre? Non, non, vous dis-je, Lucien, pas d'amour, pas d'union entre nous; mais de l'amitié, beaucoup d'amitié.

— Que votre indifférence est ingénieuse à trouver obstacle à mon bonheur, pourquoi placer sans cesse entre vous et moi l'affreuse nécessité, lorsque, inspiré par l'amour, jeune et plein de courage, il me serait si facile d'embellir la vie d'une compagne chérie? Ensuite, n'ai-je point, ainsi que vous, Adeline, à recueillir dans quelques mois l'héritage que m'a laissé le parent qui éleva mon enfance? Trente mille francs seront bientôt ma propriété, n'est-ce pas plus qu'il n'en faut pour attendre sans crainte les fruits de mon travail littéraire, quand bien même des obstacles imprévus, les difficultés nombreuses qui entravent sans cesse l'abord du théâtre à tout débutant, seraient plus pénibles et plus nombreuses pour moi que pour tout autre? Ainsi, avouez donc que vos craintes sont toutes puériles, que chez vous il n'existe ni amour ni amitié pour moi, pour moi qui vous aime tant et que votre indifférence désespère.

— Combien de générosité! et que je suis fière d'inspirer tant d'amour; mais que je souffre en même temps, ô mon cher Lucien! de ne pouvoir le payer du plus tendre retour; ah! croyez-le, mon ami, je ne suis pas digne d'un si noble hommage; chez vous, l'esprit se plait trop à embellir l'objet que votre cœur désire, parce qu'il le croit pur et sans reproche; mais il y aurait trahison à l'entretenir en cette erreur. Oui je vous en fais l'aveu, Lucien, votre amie, cette femme que votre imagination déifie, poussée par un amour excessif de coquetterie et de fortune, a oublié son devoir, a vendu ses caresses.

— Vous, Adeline! oh, non! cela ne se peut pas, s'écrie Lucien hors de lui et fixant sur la jeune fille des regards où se peignent la surprise et l'incrédulité.

— Hélas! ce n'est que trop vrai, Lucien, et vous voyez en moi la maîtresse de lord Betson.

— Oh! ciel! Est-ce possible? hélas! que venez-vous de m'apprendre? Adeline, savez-vous que cet aveu dissipe, anéantit en moi toute lueur de félicité, et que désormais il va peser horriblement sur mon cœur?... Ah! laissez-moi gémir, pleurer; c'est ma seule consolation.

— Pardon! mille fois pardon, oh! mon

ami! mon frère! des chagrins que je vous cause; de grâce! séchez ces larmes qui me déchirent le cœur, oubliez la femme indigne de vous, et pour toujours fuyez la présence de celle qu'il ne vous est même plus permis d'estimer.

— Moi, fuir Adeline et ne plus l'adorer! le puis-je? existerais-je loin de vous, et mon amour est-il donc si peu violent que la moindre chose le brise à volonté? Oh non! il n'est pas en mon pouvoir de vous mésestimer, de vous fuir lorsque vous l'ordonnez. Quand on aime ainsi que moi, la frêle enveloppe de l'âme immortelle peut être absente!... mais ce cœur, ce seul lien de la vie pour l'être aimant, il reste, il s'attache à l'objet qu'il chérit et ne peut le quitter.

En ce moment, il s'établit entre les deux jeunes-gens un morne silence interrompu seulement par les soupirs de Lucien, dont les larmes, ainsi que celles d'Adeline, coulaient en abondance. Le jeune homme s'était emparé de la main de son amie, que celle-ci lui abandonnait crainte, par une trop grande rigueur, d'augmenter encore plus le désespoir de l'amant rebuté. Ce fut alors que Lucien, entraîné par l'excès de sa passion, porta vivement cette main à ses lèvres et la couvrit de nombreux et brûlans baisers, puis que d'un bras amoureux, entourant la taille svelte de la jeune fille, il l'attira violemment sur son sein. Mais Adeline, effrayée et rappelant toute sa force et sa raison, parvint à s'échapper du lien qui l'enchaînait, et courut vers la sonnette qu'elle agita vivement. Ce bruit fit aussitôt accourir la chambrière.

— Marie, disposez-vous à m'habiller et à m'accompagner chez M. l'Ampoulé, mon professeur, dit la jeune fille, et se tournant vers Lucien : adieu, Lucien, pardonnez si je vous renvoie sitôt, mais l'étude avant tout, et déjà je suis en retard; adieu, Lucien, adieu.

Et Adeline s'échappa dans une autre pièce, laissant le jeune homme honteux, confondu et maître de se retirer, ce qu'il fit presqu'aussitôt, le désespoir dans l'âme et les larmes aux yeux.

— Où courez-vous donc ainsi, beau jeune homme?

C'est Jolivet qui venant de rencontrer Lucien et de se jeter sur lui, lui adressait ces mots en cet instant :

— Où? Je n'en sais rien, monsieur.

Et Lucien de reprendre sa course.

— Un moment donc; on ne quitte pas ainsi les amis, les amis qui s'intéressent à nous, reprend Jolivet en retenant

Lucien par le bras; franchement, mon cher Lucien, il y aurait barbarie à vous abandonner à vous-même en ce moment; car vous avez l'air d'un homme qui court au suicide. En vérité vous êtes plus pâle que la mort, et vos yeux hagards annoncent le désespoir. Allons, restez un instant près de moi, le temps au moins de calmer le transport qui vous agite, et si vous me jugez digne d'un peu de confiance, épanchez vos chagrins dans le sein d'un ami.

Lucien ne répond pas, ses larmes continuent à couler en abondance, et se sentant faiblir, il est heureux de trouver un point d'appui sur les bras de Jolivet.

— Pauvre garçon! vous seriez bien surpris si je vous disais en ce moment ce qui cause en vous cette douleur profonde.

— Oh! non! vous ne pouvez connaître

mes chagrins, en connaître l'excès, savoir enfin combien je suis malheureux.

— Hum! je gage que oui, mais comme en l'état où vous vous trouvez il serait pénible de vous tenir long-temps sur vos jambes tremblantes, venez jusque chez moi, à deux pas, dans mon réduit d'apprenti comédien; là nous jaserons tout à notre aise et plus commodément que sur ce boulevard, où chaque passant contemple votre mine blême et souffreteuse.

Lucien ne répond pas, mais comme par un instinct machinal, il marche, entraîné par Jolivet, et tous deux, en moins de dix minutes, sont installés dans la mansarde de dix pieds carrés de l'artiste dramatique.

— Tenez, prenez ce verre d'eau sucrée, mon cher, il aidera à calmer votre agitation; puis ensuite causons.

— Ah! je n'ai qu'à vous remercier de votre obligeance, de vos bons soins.

— Et autre chose à me dire encore, j'espère?

— Non, fait Lucien.

— Allons, de la confiance, je suis un bon diable d'excellent conseil, que si vous connaissiez mieux vous prendriez pour le médecin de l'âme.

— Je souffre, je ne puis rien vous dire autre chose.

— Quoi! pas même vous plaindre à moi d'une inhumaine et me demander avis aux remèdes nécessaires contre les douleurs qu'elle vous fait endurer!

— Hélas! vous savez?...

— Oui parfaitement, grâce à la langue infatigable de notre camarade Psyché; oui, je sais, qu'amoureux outre raison d'une femme délicieusement adorable, la belle repousse sans cesse votre amour, vous désespère et fait mourir à petit feu.

— Hélas! ce n'est que trop vrai, et même il y a un instant qu'elle vient pour ainsi dire de me chasser de sa demeure, afin de ne pas entendre plus long-temps le langage de ma passion.

— Que vous lui faisiez entendre bien respectueusement, n'est-ce pas ?

— Oui, avec toute la timidité et l'amour que m'inspirent sa présence et ses charmes.

— Pauvre dupe! amoureux d'une actrice! d'une femme galante, et qui croit, par une conversation bien discrète, bien basse, des regards bien timides et embarrassés, emporter d'assaut la Lucrèce.

— Une femme galante! s'écrie Lucien, offensé d'une telle dénomination.

—Eh oui, mon cher! une femme galante je le répète ; quel autre nom faut-il donc donner à une femme qui vend ses faveurs ? à la maîtresse salariée de lord Betson.

— Ah! cette idée est affreuse. Adeline! Adeline! toi, élevée par de si dignes parens, toi à qui l'on donna l'exemple de si douces vertus, comment as-tu sitôt tombé dans l'ignominie?

— Parce que la coquetterie, le désir du luxe et de l'indépendance parlaient plus fort chez la jeune personne que toute la morale possible. Mais tous ces petits défauts n'empêchent pas notre jeune pécheresse d'être la plus jolie femme du monde, que tout homme en la voyant aimera à en perdre la tête. Aussi, suis-je loin de blâmer l'amour que ses charmes ont su vous inspirer, mais ce que je désapprouve, ce que je trouve maladroit et ridicule, c'est qu'un garçon d'esprit tel que vous ne connaisse point son code amoureux, et aille sottement filer le parfait amour près d'une femme galante, lorsque ces sortes de coquettes exigent d'être menées au galop et enlevées d'assaut.

— O ciel! mais vous mésestimez donc Adeline au dernier point pour la ranger ainsi parmi ces femmes faciles, dont la brutalité assure la défaite? Sachez donc qu'elle n'a point perdu toute décence, que chez elle la tête seule est fautive, mais que le cœur est pur. Elle m'aime, Jolivet; oui, Adeline m'aime, j'en ai reçu l'aveu de sa propre bouche; mais elle connait sa faute, s'en accuse, se mésestime, et ne repousse mes hommages et le don de mon cœur, que parce qu'elle se croit désormais indigne de m'appartenir.

— Diable! diable! voilà qui est furieusement noble, beau et de la dernière délicatesse, répond Jolivet en souriant avec ironie, mais je ne puis m'empêcher d'ajouter qu'il faut être de la dernière simplicité pour y ajouter foi et se contenter d'une semblable défaite. Ah! c'est par excès de délicatesse que cette belle vous désespère?

— Hélas oui!

— Et moi, je dis que votre timidité est la seule cause de votre peu de progrès près d'Adeline, et de la froideur qu'elle ressent pour vous. Croyez-moi, mon cher Lucien, changez de batterie, devenez près de votre inhumaine, ardent, prompt, rapide; chez elle allumez les sens, sachez profiter de l'occasion et votre triomphe est certain.

— Une conduite pareille envers Adeline m'attirerait sa haine et son mépris; hélas! comment pouvez-vous croire qu'elle accorde à l'audace ce qu'elle a toujours refusé aux hommages, aux soins respectueux d'un amant timide et délicat.

— Eh! mon cher, on prend avant qu'on ne vous accorde, en pareille circonstance une femme pardonne facilement sa défaite et adore presque toujours celui qui l'a causé.

— Oh! jamais! jamais une semblable conduite envers celle que j'aime plus que la vie; l'oserais-je, hélas!

— Voilà le point, c'est qu'il faut oser, cela vaudrait cent fois plus, croyez-moi, que de continuer près d'elle le rôle d'un Céladon tout composé de larmes et de soupirs.

— Non, non, je ne me sens pas la force de l'insulter à ce point, ou il faudrait alors que j'eusses cessé de l'aimer.

— Ne soyez donc pas surpris, mon pauvre Lucien, qu'un jour, un autre plus adroit et partisan de mes conseils, obtienne de votre belle les précieuses faveurs qu'elle refuse à vos désirs, tout en s'armant d'un faux semblant de délicatesse.

— Ah! laissez, laissez-moi; vos moyens sont odieux! et quelle gloire, quelle satisfaction le cœur retire-t-il d'une pareille conquête?

— Son repos et la satisfaction des sens.

— Je vous plains, Jolivet, car vous ne connaissez ni le véritable amour, ni les délices qu'il procure.

— Le véritable amour! fi donc! une fièvre ridicule. Non, non, vif, ardent et rapide, je m'enivre de délices, parce que mes jouissances suivent de près mes désirs. Soupirer un mois près d'une femme, folie! car la pensée, les délais usent le plaisir : mais l'ivresse est céleste quand le désir se confond avec la jouissance, tel est mon excellent calcul.

Les deux jeunes gens s'entretinrent encore long-temps sur le même sujet et ne se séparèrent que fort tard, sans pour cela que Jolivet soit venu à bout de convaincre Lucien de l'excellence de son système.

Maintenant retournons à Adeline. Aussitôt après le départ de son timide adorateur, la jeune femme a pris un léger repos; puis ensuite, s'est parée d'une gracieuse toilette, et belle comme la reine des amours, après être montée dans une élégante calèche de louage, a donné l'ordre de rouler vers le bois de Boulogne et d'arrêter à la porte du Ranelagh.

Le Ranelagh! Qu'est-ce donc que cet endroit si vanté? Une salle de bal des plus gracieuses et des plus élégantes, située dans le bois et près la porte de Passy. Le Ranelagh! où se donnent rendez-vous, dans les belles soirées d'été, tout ce que Paris renferme de fashionables, de femmes aimables, mondaines et jolies. Le Ranelagh! où se coudoyent la marquise et la femme galante, la coquette grisette et la femme du banquier. Le Ranelagh! où existe réellement l'unité et l'égalité; là, plus de morgue, d'aristocratie, le sourire sur toutes les lèvres, les hommes aimables et galans, les femmes ravissantes de grâces, de toilette, partout la joie, un décent abandon, des causeries fines et spirituelles. Au Ranelagh on danse, mais on danse pour tout de bon, enfin à cœur joie, et cela, au son d'un excellent orchestre, capable de ressusciter des jambes paralysées depuis vingt ans. Voilà ce qu'est le Ranelagh deux fois par semaine, depuis que le sage administrateur de ce paradis de Mahomet en a banni la froide et ennuyeuse étiquette, qui, tous les samedis, y donnait rendez-vous à la raide et sotte aristocratie des bourgeois de Passy, ces bals s'appelaient alors bals par souscription, et à moins d'avoir l'honneur de faire partie d'une des coteries de l'endroit, en vous présentant à la porte dudit bal accompagné de votre épouse, il vous était enjoint, par la bouche de messieurs les commissaires, d'exhiber votre acte de mariage sous peine de non admission. O mœurs! ô touchante prévoyance! Alors plus de contact dangereux, du moins les nobles moitiés des vieilleries de la restauration, dont Passy fourmille, n'étaient point exposées à se trouver assises au même rang, à côté même d'une gracieuse comédienne, à qui son art n'aurait pas laissé le temps de former les nœuds conjugaux, la fabricante de sucre de betterave, l'épicière enrichie, la femme de l'usurier, celle de l'avocaillon, du courtier maron et du chef bureaucrate, notabilités dudit endroit, n'avaient point à craindre, dans une queue du chat, de souiller leur gant par le contact de la maîtresse d'un banquier, d'un artiste, ou celle d'un franc et laborieux ouvrier. Aussi, comme ils s'amusaient! tous les trente, dans une salle qui contient à l'aise huit cents personnes; mais il faut être juste, et avouer que si le rire et les grâces étaient bannis du cercle aristo-bourgeois, il était en revanche permis d'y bâiller à son aise, ce dont chacun s'acquittait loyalement cinq fois par minute. Que les gens du bon ton sont aimables et s'amusent donc!!

Or! ce n'était pas à un de ces ennuyeux bals, mais bien à celui d'un beau jeudi, que Tonton et Psyché avaient convié Adeline, et où, en ce moment, cette dernière faisait son entrée à huit heures du soir, escorté par notre danseur qui depuis le commencement du bal guettait son arrivée.

Psyché dansait et causait assez familièrement avec un jeune homme d'à-peu-près vingt-cinq ans, d'un physique avantageux et d'une mise de la dernière élégance, lorsque Tonton en l'abordant lui présenta Adeline. Alors, les yeux du danseur se fixèrent sur la nouvelle venue, dont la beauté et la gracieuse tournure captivèrent toute l'attention. La contredanse tirait à sa fin, Tonton et Adeline, en attendant Psyché, fûrent s'asseoir dans la salle où bientôt se forma autour d'eux un cercle nombreux d'admirateurs.

— Oh ! les pitoyables danseurs ! les massacres ! les lourdauds ! ils appellent ça danser, les Vandales, les barbares.

Ainsi disait Tonton, serrant les poings

et se frappant la poitrine de fureur en passant les quadrilles en revue.

En ce moment le groupe, qui déjà lui obstruait presque la vue, vint encore à s'épaissir et à l'enfermer, ainsi qu'Adeline, dans un cercle des plus étroits, ensorte que le malheureux Tonton, privé d'air, n'avait plus pour toute perspective que les boutons de culotte de messieurs les amateurs du beau sexe en contemplation devant la belle élève du Conservatoire.

— De grâce, messieurs, un peu d'air, nous étouffons.

Prière inutile.

— Mais c'est insupportable! rangez-vous donc, monsieur, vous empêchez madame ainsi que moi, de jouir du coup-d'œil.

Malheureusement, en parlant ainsi, Tonton avait joint le geste à la voix, et en voulant écarter la foule, il avait renversé un petit jeune homme fluet sur les genoux d'une grande poupée laide et sèche, en compagnie d'un grand escogriffe à barbe de bouc, à l'air crâne et tapageur, qui, arrachant l'infortuné culbuté de dessus les genoux de sa Dulcinée, le relança ensuite avec fureur sur ceux de Tonton.

Grande rumeur alors, et Tonton oubliant un instant son caractère plus que pacifique, essaie de renvoyer une seconde fois le petit jeune homme à la tête du barbu personnage, mais le pauvre victimé, mécontent, honteux d'être ainsi bafoué, applique au danseur de l'Opéra un vigoureux soufflet, auquel Tonton, stimulé par le rire et les regards de la galerie, plus encore par la présence d'Adeline, répond par un autre appliqué à poing fermé. Ce fut alors que le grand escogriffe se mêlant de la partie, leva à son tour un bras nerveux prêt à retomber sur Tonton, lorsque le cavalier de Psyché, attiré par le bruit, et voyant le danger qui menaçait le cavalier de la femme charmante qu'il avait remarquée, s'élança sur l'agresseur, et d'une main de fer détourna le coup dirigé sur lui. Alors grand bruit, vives explications, regards foudroyans, fuite soudaine et inaperçue du petit jeune homme, adresses échangées entre l'escogriffe et le vaillant et généreux jeune homme ; puis la foule qui se disperse, l'orchestre qui prélude à une valse charmante. C'est la joie et les ris qui succèdent à la tempête.

— Mademoiselle, veut-elle me faire l'honneur d'accepter mon bras pour la valse.

C'est notre jeune homme qui s'adresse ainsi à Adeline.

— Oui, monsieur.

Elle se lève, et tous deux s'élancent légers et gracieux.

— Changeons de place, ma chère, car ce polisson ne cesse de me regarder de travers, et je ne sais en vérité si j'aurai long-temps la patience de me contenir.

Cela dit, Psyché cédant de bonne grâce à l'invitation de Tonton, court avec lui s'asseoir au jardin, où bientôt Adeline et son valseur viennent les rejoindre.

— Que j'ai de remerciemens à vous faire, monsieur, d'avoir pris mon parti si généreusement, dit Tonton au jeune homme.

— A moi tout le plaisir, monsieur, d'être arrivé assez à temps pour vous éviter l'atteinte d'un déloyal agresseur.

— Donnez-vous donc la peine de vous asseoir près de nous, monsieur, si nulle autre société ne réclame votre présence, reprend Tonton présentant une chaise à l'inconnu.

— Aucune, monsieur, et si ces dames daignent m'admettre dans la leur, cela sera pour moi une bonne et heureuse fortune.

Et sur un signe d'adhésion des deux jeunes femmes, l'inconnu prend place juste sur la chaise placée en face Adeline et qui soutient ses pieds.

— Voilà un bien beau temps, une superbe soirée; n'est-ce pas, monsieur?

— Magnifique... ces dames habitent Passy?

— Non, monsieur, mais Paris. Monsieur Tonton, sujet dansant de l'Académie royale de Musique, que je vous présente, dans celui que vous venez d'arracher au plus vigoureux des coups de poings, l'habite, ainsi que moi, Psyché Marguerite, née Bidois, élève de la danse, rue de l'Échiquier, n. 14; quant à mademoiselle Adeline Duplan, mon amie, élève distinguée du Conservatoire de déclamation...

Ici, Adeline mécontente du bavardage indiscret de Psyché, l'interrompit par un léger coup de coude.

— Qu'est-ce que tu veux Adeline, pourquoi me pousses-tu ?..

— Afin de faire cesser ton indiscret bavardage, répond Adeline confuse; monsieur n'a nullement besoin que tu lui apprenne nos noms, demeures et professions.

— Bah ! puisque nous l'admettons dans notre société, il faut bien qu'il sache àqui il a affaire, ainsi, je vous disais donc?..

— De grâce, Psyché, tais-toi, reprend Adeline avec sévérité.

— Non mademoiselle, non, ne me dites plus rien jusqu'à ce que ma conduite et une plus ample connaissance entre nous m'ayent acquis la confiance de votre charmante amie. Mais comme, grâce à votre franchise, je suis déjà initié dans une grande partie de vos secrets; veuillez, à votre tour, me permettre de vous apprendre qui je suis.

— Ah! oui, dites-nous ça, fait Psyché.

— Dites-nous ça, répète Tonton.

— Je me nomme Albert de Mouvra, je suis garçon, possesseur de vingt mille livres de rente et fils unique d'une famille honorable; mon père et ma mère, ennemis du bruit, habitent continuellement un de leurs châteaux situé en Touraine, et moi, ami des arts et de la ville, un appartement à l'hôtel des Princes, rue de Richelieu.

— Oh! oh! vous êtes de la haute, vous.

— Fi donc Psyché! que vous avez des expressions communes, dit Tonton en réponse à la remarque de la jeune fille.

— Dam! sûrement, vingt mille livres de rente et un père et une mère qui ont un château, j'espère que ce n'est pas de la petite-bière.

— Quoi! encore? fait Tonton affectant un air de dignité.

— Eh vous m'hébêtez, Touton, laissez-moi donc! chacun parle comme il sait.

— Vous gardez un silence bien sévère mademoiselle, pourquoi nous priver d'entendre votre charmant langage? demande Albert d'une voix douce et tendre à Adeline.

— C'est vrai ça, tu ne dis rien, Adeline, parle donc, une comédienne cela s'en acquitte à merveille.

— Quel emploi étudie mademoiselle ? les jeunes premières sans doute ?

— Du tout! les premiers rôles, les Mars les Dorval, pas bête n'est-ce pas? dit Psyché.

— Cet emploi convient parfaitement au physique noble et gracieux de mademoiselle, répond Albert.

— Vous me flattez, monsieur, fait Adeline en souriant.

— Pas le moins du monde. Mademoiselle espère débuter bientôt, sans doute?

— Dans six jours, au Théâtre-Français, par le rôle d'Adèle dans *Antony*, répond Psyché vivement.

—Oh! tant mieux, car il me serait si doux d'applaudir à vos talens; et si je n'étais certain qu'ils sont au-dessus de toute protection, il me serait agréable de vous offrir la mienne, ayant quelques amis et quelque puissance au Théâtre-Français.

— Tiens! tout de même, ce n'est pas de refus; n'est-il point vrai, Adeline? Ah! dites donc, en avez-vous aussi à l'Opéra, des amis et de la puissance; c'est que je vous en demanderais pour mon compte, de la protection; car Tonton me fait sans cesse sonner la sienne bien haut, et, en attendant, je n'obtiens rien de l'administration.

— Femme ingrate! s'écrie le danseur.

— Bah! pourquoi çà, m'appeler ingrate? Ce n'est pas gentil; ne vous ai-je pas donné mon cœur et tout ce qu'une fille peut accorder en échange des pirouettes, temps de cuisse, entrechats et ronds de jambe que vous me démontrez chaque jour?

— C'est juste! belle amie; mais vous oubliez, en sus des pas que vous venez de citer, les balonnés, la pirouette à sept tours sur l'axe de l'orteil ; puis la pose aérienne, capable à elle seule d'assurer le plus brillant succès.

— Ah! ça oui ; sans parler encore de la pirouette en spirale, et du moyen d'exécuter un superbe papillonné sans courir la chance de faire sur les planches une chûte ignominieuse.

Heureusement que l'orchestre, en donnant le signal de la danse, mit fin à cette fatigante causerie. Adeline, invitée par Albert, accepte sa main, et tous deux furent prendre place au quadrille, accompagnés de Tonton et Psyché ; ces derniers en qualité de vis-à-vis. La contredanse marche ; la foule rétrécit les quadrilles, et cependant Tonton, jaloux de donner un échantillon de son talent, ne cesse de faire de superbes entrechats, pousse le luxe même jusqu'à la pirouette ; et, dans son

ardeur, ne s'aperçoit pas qu'il distribue
force coups de pieds à ses voisins, et fait
tant enfin qu'il s'attire une nouvelle que-
relle dont Albert devient encore le pacifi-
cateur; aussi que de reconnaissance Tonton ne ressent-il pas pour le généreux
jeune homme, à qui, la contredanse terminée, il demande l'amitié en échange de
la sienne, et ce à quoi Albert répond avec
empressement et de la meilleure grâce du
monde. L'heure s'avance, Albert n'a pas
cessé, tout le temps qu'a duré la soirée,
de servir de cavalier-dansant à Adeline,
de lui débiter mille jolies choses et complimens flatteurs sur sa beauté, sa grâce,
sa tournure. Elle a écouté, souri, répondu
avec esprit, parce qu'Albert est aimable,
spirituel, joli garçon; enfin qu'il est un
cavalier parfait, que les femmes s'huma-
nisent presque toujours devant de sem-

blables qualités. L'heure du départ a sonné, le jeune homme réclame la permission de remplir son devoir de cavalier jusqu'au bout, et de remettre Adeline à sa porte, le tout en annonçant que son tilbury l'attend à la sortie du bal. Adeline le remercie de cette offre, car la calèche qui l'a amenée, doit la reconduire ainsi que ses deux amis.

— Mais il y a place dedans pour quatre personnes, fait observer Psyché.

— Certainement, votre tilbury nous suivra; voyageons tous ensemble, ajoute Tonton : de bons amis ne se quittent pas si tôt.

— Si mademoiselle Adeline le permet? demande Albert.

— Volontiers, monsieur, répond la jeune fille.

Ils montent et la voiture roule. Albert

est placé en face Adeline, et maudit l'obscurité qui lui dérobe la vue des plus beaux traits du monde; cependant un autre avantage ne le dédommage-t-il pas de celui qu'il perd en ce moment, ses genoux audacieux ne pressent-ils pas tendrement les genoux de la jolie femme, en parlant ne saisit-il pas une main potelée qu'on n'essaie que très faiblement à lui ravir.

— Diable de voiture comme elle roule vîte, déjà les boulevarts, pense Albert.

— Dieu que j'ai la gorge sèche, et que je prendrais bien une glace, fait entendre Psyché au moment où la voiture aborde le boulevart de Gand.

Ce désir est un ordre pour le galant Albert; le cocher reçoit aussitôt celui d'arrêter, et malgré les scrupules d'Adeline un petit salon de Tortoni les reçoit bientôt tous quatre.

— C'est extraordinaire, le faible que j'ai pour les glaces, ça et des huitres j'en mangerais quinze jours de suite sans m'en lasser, dit Psyché.

— Il est on ne peut plus facile de satisfaire vos goûts, mademoiselle, répond Albert en souriant et examinant la danseuse qui fait un carillon affreux en ratissant son verre avec sa cuillère, afin d'en extraire jusqu'à la dernière goutte de la glace qu'il contenait un instant avant.

Puis, le jeune homme fait un signe au garçon et ordonne une seconde glace au choix de la danseuse, qui sans scrupule en demande deux du coup : une à la vanille et l'autre à la pistache.

La pendule fait entendre la première heure de la nuit et donne par là le signal du départ. Albert, pour solder la dépense, jette un napoléon au garçon.

— Du tout! du tout! je ne souffrirai pas, fait entendre Tonton.

Et tout en disant, il déboutonne son habit lentement, tire sa bourse du gousset, s'efforce de l'ouvrir et n'y réussit que lorsque le garçon de retour avec la monnaie, a reçu d'Albert l'ordre de la garder pour son pour-boire.

— Diable de bourse! elle est d'une incommodité sans égale, décidément je la changerai. En tout cas à charge de revanche, mon cher.

Le boulevart Saint-Martin, puis la maison d'Adeline. Il faut se séparer.

— Serais-je assez heureux, mademoiselle, pour obtenir la permission de me présenter chez vous et vous rendre mes devoirs?

— En tous lieux je vous accueillerai avec plaisir, monsieur, répond Adeline à la demande d'Albert; mais je ne puis avoir l'avantage de vous admettre chez moi, où un parent, dont je dépends entièrement, blâmerait votre présence et me l'interdirait aussitôt; veuillez donc excuser un refus que me dicte une nécessité absolue.

Albert paraît autant surpris que contrarié de cette réponse, mais ne perdant point toute espérance, il renouvelle sa demande en s'offrant de s'interdire la demeure de la jeune femme aux heures où le sévère parent a l'habitude de s'y trouver. Mais Adeline assez embarrassée pour se défendre, ou craignant peut-être de fléchir et d'accorder une faveur qui serait des plus préjudiciables à ses intérêts, retire précipitamment sa main qu'Albert suppliant, tenait dans les siennes; et jetant un bonsoir général, s'échappe et ferme sur elle la grande porte de sa maison; laissant Albert, Tonton et Psyché sur le boulevart, et aussi interdits que mécontens.

— Ah! est-elle susceptible, cette Adeline. En voilà, je dis, une bêtise de refuser de vous recevoir; comme si ça ne pouvait pas se faire sans que son Goddam s'en aperçoive.

— Un Anglais, vous voulez dire?

— Eh oui! lord Betson, le parent en question.

— Ah! je comprends, fait Albert avec finesse et branlant la tête.

— Un homme précieux et d'une générosité sans égale, dit à son tour Tonton. Ah çà, ajoute-t-il, il est temps j'espère de rentrer chacun chez soi; au revoir, mon cher monsieur Albert; quant à moi, rien ne m'empêche de vous recevoir, n'oubliez donc pas mon adresse : Tonton, artiste de l'Académie-royale-de-Musique, rue de l'Échiquier, n. 14, excepté de huit heures du matin jusqu'à onze du soir, vous me trouverez toujours à la maison.

— Oh! oh! voilà des absences du logis qui annoncent d'innombrables occupations.

— Considérables, mon cher Albert, répond Tonton.

— Quoi! votre temps est-il donc employé au point de ne vous permettre pas d'accepter demain soir, à six heures, un dîner au Rocher-de-Cancale? reprend Albert.

— Pardon! pardon! demain à six heures du soir je suis votre homme.

— C'est heureux enfin! J'espère, gentille Psyché, que vous et votre amie daignerez être de la partie?

— Je le voudrais de grand cœur, mais impossible; je danse demain à l'Opéra.

Quant à Adeline, n'y comptez pas, c'est une sauvage; elle craindrait de se compromettre dans une partie carrée.

— Comment! n'est-il donc nul moyen de me rapprocher d'elle, de la revoir encore, elle est si belle et je serais si heureux de lui exprimer l'impression profonde que sa vue a produit sur mon âme.

— Ah! je vous comprends. Vous en tenez pour elle, dit Psyché.

— Je sens que je l'adore.

— Oh là! là! fait Psyché d'un ton comique; sachez, mon cher monsieur, que vous n'êtes pas le seul qui se soit pris à ses gluaux.

— Hélas! existerait-il un mortel assez heureux pour s'être fait aimer?

— Je ne le pense pas, mais j'en connais qui soupirent depuis long-temps après cette faveur.

— Ah, oui! le petit Lucien par exemple, dit Tonton.

— Qu'est-ce que ce Lucien? demande Albert.

— Rien, un petit poète en herbe, sans réputation, sans le sou.

— Vous êtes méchant et cancanier, Tonton, pourquoi déshabiller ainsi ce bon Lucien que j'aime de tout mon cœur? un si excellent garçon, doux, complaisant et fidèle en amour. Ah! mais dont le seul et unique défaut, aux yeux d'Adeline, est de n'être pas riche; aussi soupire-t-il depuis un siècle, sans espoir ni profit.

— Et ce lord? demande Albert.

— Riche comme Crésus, généreux comme l'or qu'il répand à foison sur sa belle Danaé, dit Tonton.

Cet homme est jeune, aimable?

— Vieux, laid, ennuyeux comme tous les gens de son pays, dit Psyché.

— Adeline l'aime? reprend Albert.

— Elle le souffre, voilà tout.

En cet instant, la calèche atteignait la demeure de Tonton et celle de Psyché qui habitait au sixième une petite chambre, située positivement au-dessus de l'appartement de garçon de notre danseur.

— A demain donc, mon cher Tonton, rendez-vous à six heures, au café de Foi; qu'en dites-vous?

— Que je me ferais un vrai scrupule de vous faire attendre.

VI

Pour réussir, il faut oser

— Urbain, est-il venu quelqu'un me demander? s'informait M. Albert de Mouvra, rentré chez lui, au domestique qui l'aidait à se débarrasser de sa toilette.

— Une foule de gens, les uns plus assommans que les autres.

— Bah! compte-moi ça, mon cher.

— D'abord, monsieur, l'usurier Laudy; voici son adresse qu'il m'a laissée, lisez : place Vendôme, n. 25.

— Eh bien! que demande ce fripon?

— Le paiement d'une lettre de change échue ce matin.

— Je suis sans fonds, qu'il m'en prête de nouveau et je le paierai. Ensuite?

— Votre carossier, pour le paiement de six mois de loyers de votre tilbury.

— Qu'il attende; mon intention est de payer cette location par l'achat de ladite voiture.

— Monsieur n'a donc plus, comme hier, l'envie de vendre le tilbury pour en payer la location?

— Non, il y aurait danger en ce tripotage. Donne-moi mes pantoufles, et continue.

— Voilà, monsieur. Trois effets de mille francs chaque, présentés par un garçon de la banque.

— Bagatelles! billets souscrits à mes fournisseurs ; qu'ils remboursent ou ils perdent ma pratique.

— Votre tailleur, votre bottier, votre lingère.

— Que veut donc toute cette canaille?

— De l'argent, monsieur.

— Les animaux!... qu'ils attendent.

— La lingère, jolie brune aux yeux éveillés, a fait un train épouvantable.

— Ah! tu l'as jetée par la fenêtre, sans doute?

— Une jolie femme, monsieur?

— C'est juste! alors il fallait clore sa bouche par un tendre baiser.

— C'est ce que j'ai tenté de faire, monsieur; aussi m'a-t-elle appliqué le plus vigoureux soufflet!...

— Ah! ah! ah! pauvre Urbain! tu as peu de bonheur près des femmes. Ensuite?

— Elle est partie en menaçant d'envoyer son mari, faudra-t-il le jeter par la fenêtre?

— Non, tu l'accableras de politesses, tu lui feras part de mon prochain mariage avec une riche héritière, et tu lui commanderas six douzaines de chemises en batiste.

— Cela suffit. Monsieur vient du spectacle?

— Non, Urbain, non, mon cher; mais

du Ranelagh où j'ai fait connaissance de la plus jolie des femmes. Cette perle était en société avec deux originaux : un danseur et une danseuse de l'Opéra, des gens aussi bêtes que communs.

— Monsieur n'a donc pas voulu faire le bonheur de sa nouvelle conquête, en daignant passer la nuit avec elle?

— Ma conquête! pas encore, cette femme pousse la réserve à un point désespérant. Croirais-tu, Urbain, qu'elle m'a refusé sa porte?...

— Pas possible! Mais quelle est donc cette Lucrèce?

—Oh! rien : une apprentie comédienne, une élève du Conservatoire; mais entretenue richement par un mylord anglais qui, dit-on, fait pleuvoir sur elle tous les dons de Plutus.

— Ah! ah! ça commence à ne pas être à dédaigner.

— Sans doute, car me faisant aimer de cette femme, je puis en tirer un grand secours, lui faire payer mes dettes avec l'argent de son lord.

— Hem! pas maladroit du tout.

— Oui; mais avant d'en venir là, il faut attendrir, séduire la petite; ce à quoi je prétends m'occuper exclusivement tout le temps que je n'aurai pas à passer près de mademoiselle de Beauvais, ma très chère future.

— Superbe idée, monsieur. Mais quand donc ce brillant mariage qui doit vous rendre possesseur d'une femme passable et d'une fortune colossale?

— Bientôt, je l'espère; mais pour conclure cette union, il me faut des fonds;

n'ai-je pas mille emplettes à faire en pareille circonstance ; une corbeille magnifique à offrir à ma future ? que sais-je enfin !

— Je conçois, monsieur, qu'avec une famille qui vous croit millionnaire, on ne peut faire les choses mesquinement.

— Bah ! il faudra bien que tout cela s'exécute. Retire-toi maintenant, et laisse-moi réfléchir au moyen d'applanir ces embarras.

Fils d'un liquoriste de Marseille, Albert Mouvra, et non de Mouvra, après la mort de son père est venu se fixer à Paris, afin de dépenser dignement les trois cent mille francs dont, à sa mort, l'a rendu héritier l'auteur de ses jours. Jeune, sans expérience ni mentor, et maître d'une fortune qu'il croyait inépuisable, Albert, lancé dans la capitale, eut bientôt fait connaissance avec une foule de mauvais sujets qui, non satisfaits d'épuiser sa bourse par de folles dépenses et de fréquens emprunts, gâtèrent encore son cœur, et le rendirent, en peu de temps, le roué le plus dangereux et le fat le plus à la mode. Les amis, les femmes et les chevaux eurent bientôt dissipé le patrimoine du jeune homme, qui, se voyant dès lors sans fortune et incapable de renoncer à une existence toute de luxe et de plaisir, ne trouva rien mieux à faire que de la continuer aux dépens des dupes que son génie d'intrigue devait le mettre à même d'exploiter. Grâce à sa réputation d'homme riche, Albert trouva d'abord à emprunter de fortes sommes; puis d'autres encore à d'énormes intérêts. Pourvu d'un physique avantageux, de manières nobles et séduisantes, le jeune homme, après s'être fermé la caisse de tous les usuriers, tourna ses vues vers les femmes, et se rappelant qu'elles avaient été un des plus actifs instrumens de sa ruine, jura d'être sans pitié pour elles, de s'en faire une échelle pour atteindre de nouveau la fortune. Quelque temps avant la rencontre d'Adeline au Ranelagh, Albert, au retour d'un voyage à Londres, avait lié connaissance sur le paquebot avec un soit-disant négociant nommé M. Beauvais, possesseur d'une fortune considérable, et venant de même de faire un séjour en Angleterre avec sa femme et sa fille, jeune personne âgée de dix-huit ans, d'un minois assez passable, et, de plus, unique héritière de la totalité des biens des chers parens. Faire une cour assidue au père et à la mère, ainsi qu'à la jeune fille, prévenir leurs moindres désirs, faire sonner bien haut et souvent une fortune épuisée depuis un an, et dont il doublait le chiffre, gagner l'amitié de la famille, faire naître l'amour dans le cœur de la jeune personne, et devenir l'ami intime et le gendr feutur de la maison, tout cela fut pour Albert l'affaire de quelques mois.

Notre jeune homme touchait donc à un nouvel avenir brillant, grâce au nœud qu'il allait conclure, et à la formation duquel il n'entrevoyait d'autre obstacle que sa gêne du moment, obstacle facile à briser, et dont une nouvelle dupe devait, selon lui, le débarrasser en lui fournissant les fonds nécessaires pour endormir ses créanciers et faire face aux dépenses que devait occasioner son mariage. Cette dupe, Albert l'a cherchée depuis long-temps; mais il la lui faut gonflée d'or et de crédulité. Après cela, n'importe son sexe, n'importe les suites de ses tromperies, pourvu que l'instrument serve bien ses projets; et cette dupe, peut-être l'a-t-il trouvée la veille dans la personne d'Adeline Duplan.

FIN DE LA PREMIÈRE PARTIE.

VI

Suite du précédent.

La sixième heure du soir sonnait, le lendemain, comme Albert, fidèle au rendez-vous, entrait au café de Foi, où l'attendait Tonton depuis plus d'une heure; le danseur, en apercevant son amphytrion, quitte aussitôt le journal, et l'accueille d'une façon tout affable.

— Bonne nouvelle, dit-il au jeune homme.

— De quoi est-il question, mon cher académicien? demande le jeune homme.

— De hâter notre dîner et de nous rendre ensuite à l'Opéra, où Psyché a conduit votre cruelle d'hier soir, en loge grillée; deux places nous sont réservées près d'elle; sachez en profiter, si tel est votre bon plaisir.

— Pourriez-vous en douter, mon cher Tonton? Oh! j'accepte avec joie et vous remercie cent fois de cette aimable prévenance qui me ménage une seconde entrevue avec une femme charmante. Oui, hâtons-nous, car je brûle d'impatience de me trouver près d'elle.

Cela dit, Albert emmène Tonton; et

comme le Rocher de Cancale est éloigné, que le trajet ferait perdre un temps précieux, c'est chez Véfour que le jeune homme entraîne son convive, et que tous deux font honneur au plus succulent dîner mais pris avec trop de précipitation, au grand déplaisir du danseur, qui se repent, mais trop tard, d'avoir lâché la nouvelle avant le dîner.

Des vins délicieux versés avec abondance, en tournant la tête à Tonton, l'ont rendu bavard et très communicatif, aussi Albert profitant de la disposition, l'accable-t-il de questions concernant Adeline, et parvient-il à connaître la vie de la jeune femme dans ses moindres détails.

— Partons, mon cher.

— Déjà! fait Tonton avec regret.

— Oubliez-vous qu'elle nous attend?

— Alors si elle nous attend, rien ne presse.

— Mais, moi, j'ai hâte de la revoir, répond Albert.

Et cependant le danseur n'en paraît pas moins cloué à la même place, appelant le garçon et demandant du champagne à hauts cris. En vain Albert le presse-t-il, le traître reste sourd à ses prières; et le jeune homme impatienté, repoussant le verre que Tonton lui présente, solde la carte et s'éloigne brusquement, laissant le danseur libre de déguster à son aise le vin qu'il a commandé.

C'est vers l'Opéra que le jeune homme dirige son léger équipage qui franchit l'espace en moins d'un instant. Entré dans la salle, les yeux d'Albert armés d'une lorgnette parcourent toutes les loges; la foule est grande; aussi a-t-il de la peine à découvrir l'objet de ses recherches. Une petite loge des secondes dont le grillage est entièrement fermé arrête ses regards. Oui, c'est là qu'elle doit être. Et le jeune homme s'élance hors de la salle, franchit l'escalier et s'informe près de l'ouvreuse des gens qui occupent ladite loge.

— Une jeune dame.

— C'est cela même; ouvrez.

— Impossible : la loge est entièrement retenue.

— Par M. Tonton?

— Oui, monsieur.

— Je suis de sa société : il y a pour moi une place dans cette loge; ouvrez donc!...

— Mais, monsieur!...

— Ouvrez, vous dis-je, et prenez cela.

En disant, Albert glissait un napoléon dans la main de l'ouvreuse; alors plus de difficultés : la clé tourne, la porte s'ouvre, et Albert salue Adeline, toute surprise de sa présence inattendue.

— Quel hasard, monsieur?...

— Celui mille fois heureux que vient de me procurer un ami en m'amenant à l'Opéra et en m'instruisant de votre divine présence.

— Je devine l'indiscret, répond en souriant Adeline presque satisfaite de l'arrivée d'Albert.

En ce moment l'orchestre se fait entendre : Adeline porte la main à la grille sans doute pour la faire descendre; mais Albert l'arrête !

— Oh! laissez, laissez, dit-il, on est si bien ainsi.

— Mais, monsieur, je ne verrais rien.

— Alors vous m'écouterez mieux.

— Ecouter quoi? Sans doute la répétition de ce que vous me débitâtes hier?

— Oui, car je ne puis me lasser de vous dire que vous êtes belle au-delà de toute comparaison ; que lorsqu'on vous a vu, il faut vous adorer toute la vie entière, que votre amour enivre ; que votre indifférence doit donner la mort.

— Flatteur ! il y a-t-il seulement un grain de vérité et de raison dans tout ce que vous me dites là ?

— Oh ! beaucoup de vérité ; mais de la raison, hélas ! peut-il en rester la moindre dose dans la pauvre cervelle de celui qui vous admire et vous entend. En parlant ainsi, Albert se tenait penché vers Adeline, et pressait tendrement sa main dont il s'était emparé par surprise.

— Ah ! laissez-moi, monsieur, je ne puis vous entendre, dit la jeune femme en cherchant à dégager sa main qu'une autre alors retient avec force.

— O ciel ! aurais-je donc le malheur de vous déplaire ? Adeline, daignez entendre l'amant le plus épris et le plus sincère. Ah ! ne le désespérez pas par une rigueur trop cruelle, encouragez sa flamme, dites-lui qu'un jour peut-être il sera digne d'un de vos regards ; d'un peu d'amour de votre part, dites ! et dans moi vous trouverez à l'avenir un amant soumis et tendre, esclave de vos désirs, de vos volontés, et trop heureux de les recevoir à genoux.

— Non, non, vous dis-je, je ne puis vous aimer, je ne m'appartiens plus ! répond Adeline troublée et essayant de nouveau à retirer sa main qu'Albert a porté à sa bouche, et qu'il couvre de baisers.

— Ah ! je sais tout, femme adorable ! reprend le jeune homme avec feu. Oui, je sais que, privée de fortune, la nécessité vous imposa un amant dans un bienfaiteur; mais cet homme, est-il digne de votre amour, de votre fidélité, puisqu'il ne dépose pas sa fortune entière à vos pieds ? Non, non, il ne vous aime pas; sans cela, serait-il loin de vous en cet instant ? Se priverait-il si souvent du bonheur de vous voir et vous entendre ? Adeline! moi aussi je suis riche, mais riche de fortune et d'amour, et c'est à vos pieds que je dépose le tout en échange d'un mot, d'un sourire de votre bouche gracieuse.

Que répondre à de telles paroles ? comment résister à leur empire, lorsqu'elles sont prononcées par un homme aimable, beau, entouré du prisme de la fortune, et qui fait preuve d'une si noble générosité, un homme surtout avec lequel on trouverait tout à la fois amour et richesse ? Que répondre, hélas! Rien pour le moment ; mais on manifeste une douce émotion, les lèvres expriment un doux sourire, la main que l'amant presse avec tant de feu ne s'agite plus, et avec complaisance reste désormais captive dans celle de l'heureux séducteur. Telle fut la conduite d'Adeline; et Albert, très connaisseur en ces sortes d'occasions, sut y deviner presque un heureux triomphe. Quel malheur! voilà le tête-à-tête rompu; c'est ce maudit Tonton, plus qu'étourdi par la vapeur du champagne, qui entre dans la loge, en venant presque tomber sur les deux amans, tout en se plaignant de l'abandon d'Albert chez le restaurateur. Tonton, qui parle haut, dit cent sottises, attire les regards du public sur la loge, trouble la représentation, et fait avec fracas tomber la grille qu'à la prière d'Albert Adeline avait maintenue levée. Silence! à la porte les tapageurs ! s'écrie-ton de toutes parts. Et Adeline, honteuse, effrayée, se précipite hors de la loge; Albert la suit, puis après Tonton, criant de toute la force de ses poumons : — Que signifie cette fuite précipitée? C'est au théâtre, dans la loge de Psyché, en train de se costumer pour le ballet, qu'Adeline offre de conduire Tonton, afin d'échapper au scandale qu'il occasione dans la salle. Adopté par Albert, après le refus d'Adeline de la reconduire chez elle. Malheureusement la danseuse n'est qu'un sujet des plus secondaires, et, en cette qualité, elle n'occupe qu'une loge commune à quatre sujets de la danse; aussi, grâce à la pudeur de ses compagnes, Psyché ne peut en ce moment admettre près d'elle les amis qui se présentent. C'est au foyer de la danse qu'ils vont l'attendre, afin de partir tous ensemble, aussitôt que sera terminé le pas de trois que va danser la jeune fille dans le premier acte du ballet. Adeline, qui appréhende de se trouver une seconde fois en tête-à-tête avec Albert, accepte la proposition de Psyché. Tonton, sans cœur et gourmand, après avoir essuyé une scène de la part de Psyché, pour s'être grisé sans elle, se retourne vers Adeline, et l'engage à vouloir bien les admettre ce soir chez elle à souper, selon la convention secrète faite entre lui et Albert lors de leur dîner chez Véfour. Psyché fait un saut de joie en appuyant la demande, à laquelle se joint Albert d'une voix suppliante. Adeline, assez contrariée, hésite, allègue quelques difficultés, puis pressée fortement, finit par consentir au vœu de ses amis.

Psyché est libre enfin et une voiture transporte, en un rien de temps, les quatre personnages au boulevart Saint-Martin. En entrant chez Adeline, Albert porte des regards curieux sur les nombreux objets qui décorent l'appartement de la jeune femme, en admire la richesse, et le sourire de la satisfaction vient errer sur ses lèvres. Un petit salon est adopté pour la réunion ; là doit se faire le souper. La table est dressée ; la femme de chambre, composant à elle seule la domesticité de la maison, la couvre des divers comestibles dont les convives ont eu la prévoyance de faire acquisition dans le trajet du boulevart des Italiens, à la demeure de l'apprentie comédienne. Psyché, à qui la vue de ces bonnes choses cause une joie délirante, se frotte les mains, fait mille folies, et d'un bond saute sur les épaules de Tonton, qui, à peu près dégrisé et occupé à dresser une pyramide de pâtisserie, tombe à plat-ventre sur la table, applatit les gâteaux, et s'enfonce le visage dans une crême fouettée.

Quant à Albert, assis près de la toilette de la maîtresse du lieu, il admire avec complaisance un riche écrin garni de diamans qui, par hasard, se trouvait ouvert. Adeline va et vient, dirige le service, et donne ensuite le signal de prendre place au couvert. Ils sont à table, Tonton et Psyché mangent pour quatre, les deux autres font à peine honneur au souper. Un excellent Tokey, servi par une jolie main, anime les convives. La gaîté est à son comble, Adeline a perdu la froide réserve dont elle s'était armée d'abord, et riposte avec aisance et esprit aux mille jolis riens que ne cesse de lui débiter Albert. Psyché extravague, boit comme deux, et gratifie Tonton d'une foule de petits soufflets d'amitié. Quant à ce dernier, la bouche pleine outre mesure, il se contente de sourire à sa tendre amie; et essayant de donner à sa physionomie un petit air aimable, ne parvient qu'à lui imprimer la grimace la plus épouvantable.

Au beau milieu d'un long et bruyant éclat de rire de Psyché, un coup de sonnette se fait entendre de l'antichambre.

— Qu'est-ce? fait Adeline surprise.

Aussitôt la porte s'ouvre, lord Betson demande pardon à mademoiselle de la déranger à cette heure; mais il désire l'entretenir un instant, fait entendre la femme de chambre. Mouvement de surprise mêlé d'effroi de la part d'Adeline.

— Que faut-il lui répondre, mademoiselle?

— Qu'il vienne trinquer avec nous, cet excellent goddem, balbutie Tonton.

— Non! non! reprend Adeline en jetant sur Albert un regard où se peint l'embarras.

— Je vous comprends, aimable amie, dit aussitôt le jeune homme. Puis il se lève de table, s'empare de son chapeau, et guidé par la discrète et dévouée servante, se jette dans un petit cabinet et s'échappe par un escalier dérobé.

— Entrez donc, mylord; quel heureux hasard vous amène chez moi à cette heure? Veuillez nous excuser de vous recevoir à table; mais ces bons amis m'ayant fait l'amitié de me conduire ce soir à l'Opéra, j'ai pensé qu'il était de la politesse de les inviter ce soir à souper....

— Oh! bien, très bien, miss; moi extraordinairement satisfait de avoir le avantage de faire la connaissance à eux.

— Vous êtes bien honnête, mylord

certainement que tout l'avantage est pour nous, répond Psyché en saluant l'Anglais.

— Certainement que..... Voulez-vous accepter un verre d'excellent tokey, sans façon? demande Tonton la bouteille en main.

— *Y thank you*, répond le lord.

— Plaît-il, mylord?

— *Y thank you, sir*, répète l'Anglais.

— Votre tante joue de malheur, dites-vous, mylord?

No! no! vous pas comprendre le anglismann, répond le lord avec humeur.

— Mylord vous remercie dans sa langue de votre offre honnête, mon cher Tonton, dit Adeline en s'efforçant de sourire. Mais, mylord, ajoute-t-elle, vous ne me dites pas ce qui me procure votre visite à cette heure?...

— Yes, yes, miss, moi arriver de Vincennes, passer sous votre croisée et contenter la envie de mon cœur de admirer vous un moment.

— C'est on ne peut plus aimable, mylord. En disant, Adeline portait la main à son front.

—Vous avoir la migraine à la tête, miss?

— Ah! d'une manière affreuse.

— Oh! voilà qui être bien dommage.

— Des bains de pieds à force, à force, et du sommeil, dit Tonton.

—Vous être auteur, sire? demande l'Anglais.

— Fi donc! mylord, je suis danseur, autrement dit, membre de l'Académie-royale-de-Musique et professeur au Conservatoire.

— Et moi, mylord, Marguerite-Psyché Bidois, danseuse de seconde classe (par injustice) du grand Opéra ; de plus, amie intime d'Adeline Duplan, la Mars future de la Comédie-Française.

Ah ! ah ! fait l'Anglais, puis il se retourne vers la maîtresse du logis, lui estropie une foule de mots qui seraient assez passables en bon français, et semble ne vouloir mettre un terme à sa visite, malgré les plaintes d'Adeline et le redoublement de sa migraine. Il est fort tard; Tonton, désespéré de n'avoir plus faim, s'endort sur sa chaise; Psyché bâille à se fendre la bouche jusqu'aux oreilles, et Adeline, fatiguée de la ténacité du lord, interrompt son baragouinage éternel par de plaintifs gémissemens. Décidément elle n'y tient plus, et souffre mort et passion: elle espère dans le sommeil trouver un soulagement à ses douleurs atroces ; et c'est avec le plus sincère regret qu'elle se voit forcée de congédier l'aimable visiteur et ses joyeux convives.

— Yes, yes, miss, vous dormir beaucoup 'fort; moi venir demain se informer comment vous se portera.

— Merci, merci, mylord, de l'aimable intérêt que vous daignez me témoigner; oui, à demain.

— Allons, Tonton, en route! dit Psyché en secouant le gros dormeur.

— Hein! hein! voilà. Ouf! fait le danseur en se frottant les yeux; Dieu de Dieu! le beau rêve! quel dommage de l'avoir interrompu; j'étais au moment d'être nommé roi à l'unanimité, par le peuple d'une île déserte. Pardon, mylord, de m'être un instant oublié en votre présence.

— C'est bon, c'est bon, dépêchons de laisser en repos cette pauvre Adeline.

— Adieu, ma chère; à demain, à demain!

Et chacun s'éloigne, laissant la jeune femme, libre de se mettre au lit.

Adeline restée libre, se rend dans sa chambre à coucher. La jeune femme déshabillée et prête à se mettre au lit, laisse à sa chambrière la liberté de se retirer; puis seule, demeure quelques instans étendue sur un siège, donnant cours à ses pensées, les porte toutes sur Albert en s'interrogeant s'il y aurait sagesse et bonheur à s'abandonner à l'amour que le jeune homme cherche à lui inspirer.

Pourquoi donc tout, en elle, lui parle-t-il en faveur de cet homme? Parce qu'en lui, sans doute, elle trouverait amour et fortune; que de la part de l'objet aimé on reçoit sans rougir; qu'elle déteste lord Betson et que ses bienfaits sont un fardeau pour elle. Adeline, par un semblable raisonnement, cherche donc à mettre d'accord son intérêt et sa conscience; mais parmi ces pensées, une autre, importune sans doute, s'élève comme une ombre ; celle du pauvre Lucien, si bon, si aimant que sa froideur désespère, qu'elle aimerait peut-être si, chez elle, l'effroi de la misère ne l'emportait pas sur tout autre sentiment.

Un sommeil impérieux vient surprendre Adeline dans ces diverses réflexions, elle se traîne jusqu'à son lit et le Dieu du repos s'empare de ses sens.

A peine la jeune femme avait-elle perdu connaissance, qu'un bruit léger qui se fesait dans la chambre, en troublant son sommeil, lui fit rouvrir la paupière; mais quelle fut sa frayeur et son étonnement, en apercevant à la lueur de sa veilleuse, un homme debout près de son lit, la contemplant avec attention, Adeline pousse un cri d'effroi.

— Calmez vos craintes ô ma belle amie et reconnaissez dans Albert, l'homme le plus amoureux de votre divine personne.

— O ciel ! monsieur, de quel droit êtes-vous ici, à cette heure? par où êtes-vous entré? parlez, monsieur, parlez ?

— Pardonnez au désir extrême de me rapprocher de vous et qui, en fuyant les regards de cet odieux Anglais, m'a fait devenir possesseur de la clé de votre porte dérobée.

—Quelle audace ! s'écrie la jeune femme.

Mais Albert sans tenir compte de son courroux, s'asseoit sur le lit, saisit la main blanche et potelée qui en cet instant lui fait signe de s'éloigner et la couvre de brûlantes caresses.

— Oh monsieur ! voulez-vous donc par

une conduite aussi coupable, perdre tous droits à ma confiance, à mon estime? retirez-vous, de grâce, je vous en supplie.

— Me retirer, perdre tout le bonheur reservé à un si doux moment? ah! ne l'espérez pas, Adeline, avant que votre bouche ne m'ait dit : je t'aime.

— Éloignez-vous, monsieur, ou je sonne ma femme de chambre.

— N'espérez aucuns secours, car votre sonnette resterait muette, les ciseaux de votre nécessaire en ont coupé les cordons.

— Oh! mais ceci est d'une audace infâme! Ah! monsieur, appelez-vous de l'amour une pareille conduite?

— Encore une fois, pourquoi cette frayeur? suis-je donc un malfaiteur? est-ce un crime que de vouloir regagner en ce moment, les heureux instans que m'a fait perdre l'arrivée inattendue de lord Betson?

— Mais je vous connais à peine, monsieur. Hélas ! vous me jugez donc bien corrompue, pour en agir ainsi à mon égard ?
En disant, Adeline tremblante versait d'abondantes larmes.

— Oh non ! je vous estime autant que je vous adore, mais mon amour, ô belle Adeline, est plus fort que ma raison. Ah ! cédez, cédez à ma brûlante flamme, soyez mon amie, ma maîtresse chérie, la compagne de toute ma vie ! Adeline, je t'idolâtre, ta possession est indispensable à mon bonheur, à mon existence ; viens, viens dans mes bras, sur mon sein ; sens combien ce cœur bat pour toi avec violence, comme à la vue de tes charmes il bondit de désir et d'amour !

— Ah ! laissez ! laissez ! au nom du ciel ah ! quelle indigne violence !!!...

En vain par ses larmes, ses prières,

s'efforce-t-elle d'opposer un frein à la passion de l'audacieux Albert; enchaînée par des bras vigoureux, presque nue, sans secours aucuns, et ses cris comprimés par les lèvres brûlantes du séducteur, Adeline vient de succomber, et, dans cet instant, vaincue et sans force, la jeune femme n'oppose plus de résistance aux caresses sans nombre dont l'inonde l'heureux amant.

VII

Un début.

— Eh bien! vous le voyez, madame Duplan, notre chère nièce Adeline débute enfin ce soir; à vous entendre, elle ne devait réussir à rien, n'était bonne à rien; mensonges, préjugés que tout cela, inspirés par le dépit.

— Dépit ou non, je le répète encore, monsieur Duplan, votre propre nièce, car elle est la fille de feu votre frère, ne fera jamais un sujet recommandable. Elle débute, c'est fort bien; mais qui vous assure qu'elle réussira?

— Pouvez-vous en douter? Croyez-vous que la Comédie-Française admettrait à début un sujet dont elle douterait?

— Certainement, monsieur, ne voyez-vous pas tous les jours une foule d'acteurs échouer à ce théâtre, et qui sont encore trop heureux d'être ensuite admis à ceux des boulevarts?

— Dieu merci! ma nièce ne sera pas de ce nombre, tout m'assure pour elle le plus brillant succès. Mais terminons cette discussion, madame Duplan, et laissez-moi monter dans les bureaux, distribuer à messieurs nos employés, les billets d'amis que cette chère Adeline vient de m'envoyer avec recommandation de bien les placer.

— C'est cela, surtout ayez soin, monsieur Duplan, de ne pas choisir les manchots; mais bien ceux qui sont pourvus des meilleures mains.

— Pourquoi cette recommandation, madame?

— Afin qu'ils puissent applaudir plus fort et couvrir les sifflets.

— Vous êtes horriblement méchante, madame Duplan.

Cela dit, le concierge quitte la loge en lançant un regard dédaigneux sur sa chère moitié, qui de son côté y répond par un sourire sardonique.

A peine M. Duplan est-il parti, que Lucien arrive. La figure du jeune homme est empreinte d'un air soucieux, et sans mot dire, après avoir salué, il prend une chaise et vient s'asseoir près de madame Duplan.

— Qu'est-ce donc, mon pauvre Lucien ? tu parais mal content; ne partagerais-tu pas la joie qu'inspire à mon cher mari les débuts de sa nièce?

— Non, madame, non; à dire vrai, je tremble pour Adeline et ne vois pas sans crainte un début aussi prompt, un début obtenu par la faveur, mais que la faiblesse du talent de l'actrice devait ajourner beaucoup plus tard; en vain j'ai osé avertir Adeline, l'amitié que je ressens pour elle m'en faisait un devoir, et mes conseils d'ami ont été reçus avec froideur et dépit; plus! car j'attribue à ma fatale franchise mon exil loin d'elle.

— Quoi! cette mijaurée t'aurait fermé sa porte?

— Depuis six jours, je me suis en vain

présenté chez elle; elle a refusé de me recevoir.

— Ah! voilà du gentil! et sous quel prétexte?

— Que ses prochains débuts exigeaient un travail assidu et captivaient tout son temps.

— L'indigne! refuser de recevoir son ami d'enfance, un homme qui l'aime à en perdre la tête, et que jadis elle était trop heureuse de trouver pour qu'il lui fît répéter ses rôles. Oh! ça va mal! ça va mal! termine la concierge en branlant la tête.

— Que voulez-vous, madame Duplan? le bonheur n'est pas fait pour moi.

— Espère! espère! mon garçon. Tiens, pour la faire enrager, je voudrais que tes ouvrages eussent un succès fou, que tu deviennes célèbre, et qu'alors tu la méconnaisse à ton tour.

— Mes pièces? répète Lucien, hélas! elles ne sont pas mieux traitées que mes amours.

— Aurais-tu éprouvé quelqu'échec de ce côté? conte-moi encore cela, mon garçon.

D'après cette invitation, Lucien apprend à madame Duplan que, malgré la recommandation d'Adeline, près des comédiens du Théâtre-Français, la pièce qu'il leur avait confié lui a été renvoyée insolemment sans un seul mot de réponse; que désolé de ce non-succès et en désespoir de cause, il a frappé depuis à la porte des différens théâtres du boulevart, et que chez chaque directeur de ces cloaques, il n'a trouvé que morgue, insolence, et en a été pour son humiliation d'avoir courbé l'épine dorsale, devant les figures plates de ces crapuleux personnages.

— Écoutes, mon bon Lucien, ta bonne mère en mourant et te laissant orphelin, t'a légué toute sa petite fortune; enfin, ses douze cents livres de rente; avec ça on ne meurt pas de faim. Eh bien! renonce à écrire pour le théâtre, car j'ai toujours entendue dire que la débauche et l'intrigue seules, réussissaient dans cette carrière; crois-moi, cherche quelqu'emploi honorable; ton esprit et ton zèle seront pour toi d'excellentes recommandations. Peu à peu tu obtiendras de l'avancement, une augmentation d'appointemens ; alors tu épouseras une fille sage et ménagère, qui te rendra heureux et content.

— Merci, merci, de vos excellens conseils, madame; mais, hélas! que parlez-vous d'union, de bonheur, lorsque celle qui seule pourrait m'accorder l'un et l'autre, me repousse loin d'elle.

— Lucien, mon garçon, excuse ma franchise, mais un homme qui se laisse, ainsi que toi, dominer par une inclination mal placée, n'est qu'un sot ou un lâche. Quoi! ne vois-tu pas, malheureux, que tu sacrifies tes plus belles années à te consumer pour cette amourette; ne devines-tu, que tu n'es pas aimé? qu'Adeline se moque de toi, et que tu és le jouet d'une courtisanne? Fi! fi! Lucien, tu manques d'orgueil et d'âme, mon cher enfant... Allons! pourquoi pleures-tu maintenant? parce que je te dis de dures vérités, n'est-ce pas? mais c'est pour ton bien, enfant, parce que j'enrage de te voir malheureux et aimer une femme indigne d'un si parfait attachement, une femme perdue enfin! Oui, perdue! je le répète... Viens ici, Lucien, que j'essuie tes larmes; allons, ne te désole pas ainsi; aies du caractère, mon ami. Ah!

je voudrais tant te savoir heureux, car toi et mon Adrienne, vois-tu, vous êtes mes enfans chéris, mes bien-aimés.

En parlant ainsi, la bonne dame tenait la tête du jeune homme, et sur son front déposait des baisers de mère.

En cet instant la porte s'ouvrit; et Adrienne, qui revenait de livrer quelques ouvrages, entra dans la loge.

— Oh ciel! qu'avez-vous, Lucien, seriez-vous malade? s'écrie la jeune fille avec intérêt et s'avançant vivement vers le jeune homme.

— Non, ma bonne Adrienne.

— Mais vous avez pleuré, monsieur, vos yeux sont encore rouges?

— Tu as raison, ma chère petite, il vient de pleurer, mais pleurer de dépit. Conçois-tu des méchans directeurs de mélodrames qui refusent, même sans le lire, l'ouvrage de ce pauvre garçon? dit madame Duplan.

— Ah ! ce n'est ni juste, ni bien, répond la jolie fille; je conçois tout le chagrin que vous devez en éprouver, mon ami, il est si cruel de voir décheoir une espérance chérie.

En disant cela, Adrienne se plaçait près de Lucien, s'emparait d'une de ses mains qu'elle pressait avec aménité; et ses yeux, aussi tendres que beaux, adressaient à l'infortuné des regards consolateurs.

—Voilà qui est distribué, et avec adresse, je m'en flatte; toutes mains superbes et solides, de véritables épaules de mouton, dit en rentrant M. Duplan d'un air tout joyeux; quant à toi, ma femme, tu occuperas ainsi qu'Adrienne, la devanture d'une loge des premières de face, dont je vous ai réservé le coupon, tandis que Lucien et moi, en véritables Romains, seront placés au parterre.

— Merci de votre loge et de votre coupon, Adrienne ni moi n'irons à votre spectacle, répond la concierge avec humeur et fermeté.

— Par exemple! voilà un singulier caprice, s'écrie M. Duplan en reculant de surprise; quoi, madame, vous refusez d'assister au début de votre nièce?

— Oui, monsieur, et même je vous engage à ne plus m'en rompre la tête?

— Mais, madame Duplan...

— Silence! Encore une fois, suis-je oui ou non, maîtresse de mes actions?

— D'accord, d'accord. Au moins, permettez qu'Adrienne, qui ne partage pas votre antipathie pour l'art, accompagne Lucien et moi.

— Je vous répète, monsieur, qu'Adrienne ne me quittera pas. Libre à vous, à Lucien de courir applaudir votre idole, ainsi qu'à nous de rester à la maison.

— A votre aise, madame Duplan, à votre aise. Pauvre Adrienne! rester au logis un jour comme celui-ci! ajoute le concierge en jetant sur sa nièce des regards de pitié et de regrets.

La journée s'écoule sans autres dissensions; chaque personnage est morne et silencieux, hors M. Duplan qui ne cesse de parcourir les bureaux d'un air triomphant, en recommandant à chaque possesseur d'un billet de soigner les entrées et les sorties de la débutante.

Six heures; il faut partir, le concierge a soigné sa toilette : culotte de nankin, habit bleu barbeau. Lucien, d'un air assez embarrassé, adresse son bonsoir aux deux dames, madame Duplan daigne à peine y répondre. Adrienne, victime du caprice de sa tante, soupire tout bas en voyant son oncle et Lucien prêts à s'éloigner sans elle ; et profitant du moment où l'épouse courroucée repousse le baiser qu'un tendre mari se disposait à donner sur les joues conjugales.

— Applaudissez-la bien ; moi, je vais former des vœux pour son succès, dit tout bas à Lucien la bonne Adrienne.

Le jeune homme, par un serrement de main, répond affirmativement à ce souhait amical ; puis, s'empresse de suivre M. Duplan qui furieux du dédain de sa moitié vient de prendre les devans.

Une voiture reçoit le concierge et Lucien ; c'est le premier qui l'offre et prétend la payer, parce qu'en un jour semblable on ne doit pas tenir à trente sous de plus ou de moins, et que madame Duplan n'en saura rien.

Ils arrivent, et le compagnon de Lucien lui fait observer la foule qui encombre les alentours du théâtre, et combien sur l'affiche le nom de sa chère nièce fait fureur. Ils entrent, non sans peine ; le parterre est déjà rempli. Aussi, ont-ils un mal extrême à trouver des places. Enfin, ils y parviennent.

A peine assis, le concierge du mont-de-piété se plaint de suite de la lenteur qu'on met à commencer, et cela, tant son impatience est grande d'admirer sa nièce. Notre homme porte ses yeux sur tout le parterre, salue à droite, salue à gauche, une masse d'employés de ses connaissances, et faisant le simulacre de frapper es mains, leur recommande encore par ce signe de soigner la jeune actrice.

— N'oubliez pas les intentions de mylord, Messieurs; il faut qu'elle tombe à ne pouvoir reparaître une seconde fois sur la scène, dit à demi voix un homme placé non loin de M. Duplan à plusieurs autres assis autour de lui. Mais ces paroles n'ont point été dites d'un ton assez bas pour qu'elles n'aient retenti aux oreilles de l'oncle.

— Plaît-il? que dites-vous, mon cher? qui doit tomber à plat? serait-ce par hasard de la débutante dont vous prétendez parler?

Un rire sardonique est la seule réponse à ces demandes, et les trois coups de rigueur viennent réclamer l'attention et le silence du public; ce qui n'empêche pas M. Duplan de faire à voix basse confidence à Lucien du complot qu'il vient d'entendre.

— Qu'elle tombe, oui, qu'elle tombe,

je ne l'en chérirai pas moins, et peut-être alors, sera-t-elle moins fière et moins cruelle envers moi, pensa Lucien en silence, après avoir écouté les propos du cher oncle, qu'il rassure de son mieux. Lucien n'a-t-il pas raison d'appréhender des succès pour Adeline ? n'a-t-elle pas assez d'armes pour le rendre fou d'amour et le désespérer, sans que le destin y joigne encore l'art de plaire, d'énivrer un public dont l'amant rebuté se sent déjà jaloux ? ensuite quel espoir conserver encore, lorsque brillante de succès autant que de sa beauté, une foule d'adorateurs aimables, sémillans et fortunés s'empresseront autour d'elle; tandis que lui, humble, pauvre, avec son adoration platonique, n'obtiendrait plus qu'à la passade un regard de pitié, peut-être de mépris. Le rideau est levé, la débutante entre en scène, ses regards d'abord se portent vers une loge d'avant-scène où se montre un jeune fashionable. Un murmure flatteur accueille Adeline, elle parle, on écoute en silence; silence terrible pour une débutante, dont l'interruption est souvent un arrêt de vie ou de mort.

— Hum! hum!
— De faux gestes.
— Elle est froide comme glace, c'est malheureux, un si beau corps de femme!
— Oh! ce n'est pas ça; elle n'est nullement dans l'esprit du rôle.
— Elle patauge la chère femme.

Tels sont les bruits qui circulent dans la salle, et viennent désagréablement tinter aux oreilles de l'oncle sensible; qui, sur chaque critique, lance des regards terribles. Adeline termine une tirade qu'elle vient de débiter, outre bon sens; M. Duplan, afin de couvrir les murmures, donne le signal des bravos, mais un terrible coup de sifflet lâché derrière lui, lui brise le timpan et le fait, de douleur, tomber à la renverse sur les genoux d'un spectateur.

Bravo! silence! silence! puis un bruit épouvantable; puis la continuation du son de l'horrible instrument à vent; puis le cher oncle repoussé avec force sur son voisin du devant.

— A la porte les cabaleurs salariés, s'écrie hors de lui, et rouge comme un coq de bruyères, l'infortuné Duplan, en indiquant du geste le groupe qui l'entoure.

— A la porte la ganache, lui riposte-t-on.

— Silence! silence! écoutons.

Le calme se rétablit peu à peu, et l'auditoire devient attentif.

Mais hélas! comme elle souffre la pauvre Adeline! son corps est agité d'un cruel tremblement! ses jambes semblent se dérober sous elle, et avec combien d'efforts elle parvient à dévorer ses larmes! Et Lucien, muet spectateur, comme il souffre et qu'il la plaint!

— *God? god!* la petite tomber et devenir myladi Betson! murmure un Anglais placé au balcon.

— Détestable la pauvre enfant! pense de son côté Albert le fashionable de l'avant-scène.

— Allons, du courage, de l'aplomb, cette scène ira beaucoup mieux que la précédente; fait entendre M. l'Ampoulé, le professeur de déclamation à sa tremblante et craintive élève, au moment où elle va rentrer en scène.

Bientôt, hélas! l'infortunée débutante voit se démentir cet heureux pronostic;

car, effrayée de la malveillance du public à son égard, elle se trouble de plus en plus; puis finit par perdre la mémoire et tombe évanouie dans les bras d'un des acteurs, au bruit d'effrayans, de nombreux sifflets.

— Vous êtes des drôles! des polissons payés pour siffler ma nièce, criait à tue tête et en montrant les poings, M. Duplan, aux gens qui l'entouraient et qu'il avait remarqué pour être les plus acharnés à la perte de la débutante.

Vainement Lucien déjà désespéré et tout occupé par la position douloureuse de l'objet qu'il aime, essaye-t-il de calmer la fureur du concierge, celui-ci n'écoute rien, n'entend rien et n'en continue pas moins à gesticuler et à injurier le parterre, dont un des membres fatigué de son insolence, lui donne une poussée et l'envoie rouler sur un voisin qui le renvoie à un autre, Lucien alarmé cherche à le secourir et tombe lui-même victime de son dévouement ; enfin, poussés, ballottés, passés de main en main, l'oncle Duplan et Lucien sont jetés à la porte du parterre, saisis par la force armée en qualités de perturbateurs, et conduit au poste du théâtre. L'action a tellement été chaude, que dans la bagarre, le concierge a perdu sa montre d'or à répétition et un pan entier de son habit barbeau. Maudite aventure! que va dire madame Duplan, et comment lui cacher un désastre de cette nature? Mais, avant de s'en occuper, il faut d'abord s'expliquer devant le commissaire de service au théâtre, afin d'obtenir la liberté.

Or donc, les deux infortunés comparaissent devant le magistrat ; Lucien prend la parole, explique les faits, et la justice, après avoir écouté et s'être bien convaincue que les deux accusés n'ont agi que dans l'intérêt de l'humanité et du bon ordre, les renvoie exempts de punition; de plus, volés, battus, et avec défense de rentrer dans la salle. Quant au drame, l'indisposition subite de mademoiselle Adeline empêchait sa continuation, et le public était prié de vouloir bien accepter en place une représentation de *l'Intrigue épistolaire,* excellente vieillerie dont l'annonce fut saluée d'une bordée de sifflets, excédant de ceux envoyés inhumainement à l'infortunée débutante.

VIII

Un commencement de fortune.

— Allons, bel astre, cessez ces pleurs, ce dépit, et ramenez les ris et les grâces sur ce charmant visage; oubliez ce public irrévérencieux, ce misérable qui, sans pitié, ose siffler la plus jolie femme de Paris, ma maîtresse adorée.

En disant ainsi à Adeline, Albert, placé près d'elle sur le sofa, jouait avec les boucles de cheveux de la belle affligée, dans lesquelles il se plaisait à passer ses doigts.

— Non! jamais je ne pourrai me consoler d'une telle honte, d'une chute aussi ignominieuse. Les infâmes! ne pas daigner m'entendre, me couvrir de huées! Ah! mon Albert, qu'un tel incident a dû me nuire dans votre esprit? moi qui sais combien le ridicule tue les gens.

— Pas le moins du monde, chère amie; car pour être une faible actrice, en êtes-vous moins belle et gracieuse? Vos caresses me sont-elles moins suaves et voluptueuses.

— Ah! c'est que vous êtes le dernier homme aux yeux de qui je voudrais perdre de mon faible mérite.

— Coquetterie de femme, répond Albert

en souriant. A propos, ajoute-t-il, avez-vous vu lord Betson ce matin?

— Non; l'événement d'hier l'aura sans doute éloigné de moi, ou peut-être craint-il de venir interrompre ma douleur.

— Ce dernier prétexte me semble le plus vraisemblable; car son amour, Adeline, est trop grand et trop sincère pour s'évanouir au premier revers qu'éprouve l'objet qui le lui a inspiré.

— Ah! que m'importe au surplus son amour et sa conduite à venir, lorsque je suis aimé de mon Albert, et que désormais je ne dois plus chérir que lui!

— Voilà le langage d'une tendre amie, mais non celui d'une femme adroite et prudente, répond Albert.

— Expliquez-vous; je ne comprends pas ce reproche, mon ami, fait Adéline en fixant sur le jeune homme un regard surpris.

— D'abord expliquez-moi quelle réception eût reçu lord Betson, s'il s'était présenté ce matin chez vous ?

— Celle qu'il reçoit ordinairement, c'est-à-dire un accueil poli, tel enfin qu'il le mérite.

— Fort bien ; c'est-à-dire l'accueil d'une maîtresse à un amant généreux, où les caresses absorbent presque entièrement l'instant du tête-à-tête ?

— Albert ! pouvez-vous avoir une telle opinion de la femme que vous dites aimer ? oh ! non ! Depuis que votre audace vous rendit mon amant, depuis que je vous aime enfin, lord Betson n'a plus été pour moi qu'un ami que j'ai su maintenir dans les bornes du respect.

— Folle ! exclame Albert, et que dit-il de ce changement à son égard ?

— Pourquoi ces questions ?

— Réponds, te dis-je; je veux savoir...

— Il se plaignit de ma froideur, m'en demanda la cause...

— Et tu lui en donnas l'explication?

—Non, je n'osais; mais ce matin telle était mon intention s'il s'était présenté chez moi.

— A quoi bon un pareil aveu?

— Vous me le demandez; mais pensez-vous, Albert, qu'un cœur puisse admettre deux amours? Oh! c'est impossible!

— Aussi ne dois-tu aimer que moi, sans cesser de te faire aimer de cet Anglais.

—Quoi! Albert, vous m'aimeriez assez peu pour souffrir que je suivisse un tel conseil?...

— Écoute, ma chère, il faut vivre et bien vivre en ce monde, et le luxe, les plaisirs sont chers en diable!

—N'avez-vous pas une fortune qui puisse suffire à nos besoins? reprend Adeline.

— Et non, ma chère, ce dont j'enrage de tout mon cœur.

— Quoi ! vous n'êtes pas riche ?

— En dettes, oui; en amour pour toi, considérablement; mais en argent, pauvre comme Job. Demande maintenant, ma belle amie, qui pourvoira à ton élégante toilette, à tes goûts ruineux et mondains, si de but en blanc tu congédies sottement le pourvoyeur de tes menus plaisirs ?

Adeline, à cette nouvelle, reste un instant confondue; mais l'adroit Albert, par de tendres propos et de délicieuses caresses, ramène bientôt le sourire sur les lèvres de la jeune femme.

— Trompeur ! dit-elle.

— Non ! ta belle âme n'a pu concevoir un but intéressé; tu m'aimais pour moi et non pour ma richesse supposée, n'est-ce pas, mon Adeline ?

— D'accord! mais amour et fortune, me disais-je, ne gâtent rien, et j'étais heureuse en pensant que désormais je tiendrais tout de l'ami de mon cœur, et non de celui dont il me faut payer les bienfaits par un faux semblant d'amour.

— Sotte délicatesse, ma chère; le positif avant tout. Ici-bas, la fortune du niais doit être le bénéfice des gens d'esprit, et c'est en s'armant d'une sage philosophie, en jetant l'éteignoir sur mille petits scrupules, que des gens tels que nous doivent savoir embellir leur existence et la faire marcher de pair avec celle que Plutus à comblé de ses dons.

Ainsi donc, ajoute Albert, pour ne point déroger à cette sage maxime, plutôt que de rejeter loin de toi cette corne d'abondance, efforce-toi de déployer auprès de Betson, toute la réthorique d'une coquetterie de femme, enchaîne à la fois son cœur et sa volonté; mais, qu'en échange de la part de tes caresses, dont en sa faveur je consens à faire abandon, que sa fortune devienne ta propriété et que sa possession t'assure un jour une riche indépendance.

De semblables conseils sonnaient étrangement aux oreilles de la jeune femme; elle, qui loin d'être corrompue, avait repoussé l'amour de Lucien parce qu'elle se trouvait indigne de sa possession, n'ayant à lui offrir en échange, que des caresses vendues à l'or d'un étranger; elle, qui n'avait enfin accordé son amour à Albert, qu'en croyant trouver en lui, l'homme qui satisferait tout à la fois son cœur et son ambition; elle, qui n'ayant qu'un cœur à donner, résistait à l'amour parce qu'elle répugnait devant l'ignoble pensée d'admettre deux amans. Vains combats, efforts inutiles, la pauvre fille s'est laissée prendre aux pièges d'un intrigant, et devenue la maitresse d'un homme sans moyens, il faut encore qu'elle demeure la courtisane salariée de l'homme à fortune. Mais, n'est-il donc pour elle, aucun moyen de se soustraire à cette répugnante position? Impossible ! Adeline, orpheline et élevée par les soins de M. et madame Duplan, ne possède rien; ennemie de ces travaux assidus, échus en partage à son sexe, et dont le salaire est à peine suffisant aux besoins de celles qui l'exercent, elle a voulu, dans les arts, essayer à se faire un état lucratif et honorable, mais, pour réussir dans ce projet, il fallait de l'indépendance, un luxe de mise tout autre que celui accordé par les bienfaiteurs de son enfance; Adeline après avoir atteint sa majorité exigea effrontément qu'on lui rendit compte du faible héritage qu'un père mourant lui avait légué, et, trop généreux pour se l'approprier comme le faible acompte d'un salaire de vingt années de soins et d'éducation, les époux Duplan ont remis à l'ingrate pupile, la chétive somme de huit cents francs, et reçu d'elle en échange un subit abandon. Libre de ses actions, la jeune fille s'est lancée dans le monde théâtral, y a puisé le goût de la coquetterie, et en raport avec des femmes qui, pour prix de leurs caresses, obtenaient les jouissances de la fortune, notre jeune fille envia bientôt leurs riches parures, leurs somptueux appartemens, ces plaisirs qui se renouvelaient chaque jour pour elle; et, désireuse d'un tel sort, écouta les paroles d'amour et les propositions que lui adressa lord Betson. Un soir que le hasard l'avait placé près d'elle en tête-à-tête dans une loge du Théâtre-Français. Or donc, depuis deux ans Adeline jouit de toutes les aisances du luxe, grâce à la générosité de son amant, ses désirs ne rencontrant plus d'obstacles; pouvait-elle désormais renoncer à de si douces habitudes? Non; car déchoir pour elle serait mourir. Il faut donc qu'elle conserve Betson, car sans lui plus d'aisance, ni bonheur. Mais Albert! ne peut-elle pour prix de ses mensonges l'éloigner d'elle, l'oublier, et couvrant cette erreur du voile de l'oubli, rester, ainsi qu'auparavant, fidèle à celui qui embellit son existence par ses dons amoureux? Hélas! non, un tel sacrifice n'est plus en son pouvoir, car elle sent qu'elle aime Albert; il est son premier et véritable amour, et ce sacrifice est au-dessus de ses forces.

Adeline est demeurée long-temps silencieuse, écoutant avec attention la morale pernicieuse de son amant.

— Mais, répond-elle, si fasciné de nouveau par un retour de tendresse, Betson, ainsi qu'il me l'a proposé maintes fois, m'offrait encore de devenir son épouse?

— Hum! occasion sublime! introuvable une seconde fois en cent ans, et qu'il faudrait bien se garder de repousser, répond le jeune homme.

— Vous consentiriez à ce que je devinsses sa femme? exclame Adeline en jetant sur Albert un regard surpris et mécontent; mais, ajoute-t-elle, vous ne m'aimez donc pas, monsieur?

— Enfant! oses-tu en douter?

— Alors, pourquoi me donner un semblable conseil?

— Pour t'assurer une noble et brillante existence, en dépit de mon amour extrême pour ta personne. Et tu dis que je ne t'aime pas, Adeline? Est-il beaucoup d'amans capables d'un pareil sacrifice?

— Vous calculez sans doute toutes les suites d'une union avec mylord et moi; que cet acte accompli, tout serait rompu entre nous?

— Non pas! s'il vous plaît.

— Cependant...

— Allons donc, enfant! malgré ta prétendue répugnance à entendre ce qu'on appelle des roueries, tu ne ressembles pas mal à ces dévotes qui, en pareil cas, ferment pieusement les yeux et ouvrent copieusement les oreilles... Je ne suis pas ta dupe, ma chère; relève donc ta cornette, et écoute-moi. Unis tous deux par un amour exclusif, quel sort nous serait réservé? La misère, à moins de nous résigner à poursuivre le métier d'intrigue, pauvre métier! dont les ressorts sont peu lents à s'user; alors, quelles ressources? aucune! Tandis que devenue physiquement l'épouse de notre mylord, sans que ton cœur, ma toute propriété, soit de la partie, pour nous abondance, jouissances de toutes sortes.

— Je vous comprends, Albert; mais, ce que vous ignorez, c'est que lord Betson impose pour condition à mon union avec lui, qu'ensemble nous quittions Paris pour habiter l'Angleterre.

— Qu'importe! à Londres comme à Paris, ne serons-nous pas toujours amans? Ne te suivrais-je pas au pays des brouillards afin; par mes prudens avis, que tu agisses de manière à devenir avant peu maîtresse entière de l'immense fortune de ton noble époux.....

— Et alors?... fait Adeline.

— Alors, revenant à tes uniques amours, nous fuyons tous deux, fusse au fond des déserts, où ta possession et ton cœur me rendent le plus heureux des hommes.

— Ajoutez aussi, la fortune de mylord à votre conclusion, dit la jeune femme en riant.

— Cela va sans dire; et si j'omettais de la citer, c'est que la chose se sous-entendait parfaitement.

— Je verrai, je réfléchirai, reprend Adeline.

— Il vaut beaucoup mieux agir, ma chère, et de suite...

Un coup de sonnette vint interrompre Albert, et l'annonce de la présence de lord Betson fit aussitôt fuir le jeune homme dans le plus prochain cabinet.

— Soyez le bien-venu, mylord; je vous

attendais plus tôt, dit Adeline en s'avançant vers l'Anglais.

— Moi, craignais de troubler le repos nécessaire à vous, après le indispositionne causée par les petites sifflettes d'hier.

— Ah! mylord, il est peu généreux à vous de me rappeler ce honteux accident.

— No! no! vous être malheureuse, et mylord Betson vous apporter le consolationne et un cœur toujours beaucoup plus amoureux de vos charmes.

— Combien je suis reconnaissante de tant de bontés.

— Yes! miss; yes! Vous avoir été maltraitée par le poublic; lui vous rejeter, vous abattre; et moi, lord de Angleterre, vous relever bien haut en faisant vous myledi, si vous être consentante.

— Mylord, suis-je digne d'un tel honneur?...

— Vous être digne de le couronne de Angleterre.

— Devenez donc le maître, l'arbitre de ma destinée, mylord, puisque je suis assez heureuse pour être jugée digne par vous de cet excès d'honneur.

— Oh! god! god! vous consentir à devenir myledi Betson, miss?...

— Oui, mylord,

A cet aveu, l'Anglais ne se contient plus de joie, s'emparant des mains de la jeune femme, il les couvre de caresses; puis, dans son délire, fait mille extravagances, ose même essayer à pousser au *nec plus ultra* la preuve de son amour et l'excès de son adoration; mais Adeline, qui n'a point oublié le tiers mystérieux qui dans le cabinet épie sans doute ses gestes et ses actions à travers la gaze du rideau, s'empresse de mettre un frein à l'ardeur amoureuse de l'amant enflammé, en le rappelant à la sagesse et rejetant ses rigueurs du moment sur le malaise extrême occasionné par le funeste événement de la veille.

L'amant, devenu plus calme, reprend le chapitre du mariage, en fixe la conclusion à trois mois de date, puis fait à la future myladi une longue énumération des châteaux et terres dont elle va devenir propriétaire, et termine en atteignant son portefeuille par en tirer une liasse de billets de banque dont il fait hommage à la jeune femme comme arrhes du marché qu'ils viennent de conclure ensemble, afin, lui dit-il, de la mettre dès ce jour à même de tenir le ton d'une personne du rang auquel son union avec lui doit l'élever. Adeline, qui déjà met à exécution les conseils d'Albert parce qu'elle en a de suite saisi le côté avantageux, reçoit le riche cadeau avec joie, et oubliant un instant le témoin de cette scène, récompense le généreux Anglais par un tendre baiser.

L'entretien est en ce moment troublé par l'annonce d'Adrienne; les yeux d'Adeline se portent alors vers le lord comme pour l'interroger et savoir s'il permet de recevoir cette visite.

L'Anglais se rappelle avoir vu la jeune fille une seule fois; elle lui plaît; et c'est avec plaisir qu'il admirera de nouveau sa grâce naïve et l'éclat de ses beaux yeux. Adrienne est donc admise. Elle accourt près d'Adeline lui apporter des consolations, parce qu'elle a su par son oncle le peu de succès de sa cousine, et qu'elle la croit chagrine et souffrante. Adrienne saute au cou d'Adeline, lui prodigue mille caresses, mais cherche vainement dans ses yeux une teinte de chagrin et de regret; aussi se garde-t-elle d'aborder le sujet qui l'amenait inquiète et tremblante. La jolie fille a aussi salué gracieusement le lord, s'étonne de le rencontrer si souvent près d'Adeline, et finit par augurer qu'il est l'ami intime de la maison.

L'Anglais, de son côté, l'accueille avec distinction, puis l'admire avec un secret bonheur. S'il n'aimait Adeline, son cœur n'en choisirait pas d'autre que sa charmante cousine. On cause, la future myladi surprend Adrienne agréablement, en lui faisant part de son prochain mariage avec le lord; celui-ci confirme cette heureuse nouvelle, et la jeune fille, doublement ravie de cet incident, en témoigne son contentement par mille félicitations. Ah! que son oncle et sa tante seront satisfaits en apprenant cette honorable union, et combien elle a hâte de les en instruire. Le lord sourit à la joie folle d'Adrienne, puis la questionne sur son sort, sur ce qu'elle fait ; elle l'instruit qu'elle habite chez ses parens, qu'elle est peintre sur porcelaine. La cousine d'une myladi ne peut continuer à travailler pour vivre ; elle suivra les époux en Angleterre, se fixera chez eux, ainsi l'annonce le lord en ajoutant qu'il se charge de procurer à la jolie fille un brillant établissement.

— Non, non, merci d'un si digne intérêt, répond modestement Adrienne ; je dois rester en France, près de nos parens qui ont élevé mon enfance; mon état suffit à mes besoins. Ah! jamais loin d'eux, jamais loin de la France. Pour le présent, il faut feindre de céder à ses vœux ; mais plus tard, le lord espère bien changer cette résolution, et Adeline partage son avis.

L'entretien reprend une nouvelle force roule sur cent sujets; mais près d'eux il est quelqu'un qui doit se consumer d'ennui et d'impatience; aussi Adeline pense-t-elle à lever la séance et à congédier les deux visiteurs. Encore quelques instans; puis ils s'éloignent avec promesse de se revoir bientôt. Le lord, dont la voiture attend à la porte, est sorti en même temps qu'Adrienne, qu'il veut reconduire chez ses parens, en dépit de son refus et de l'embarras que fait naître en elle une telle offre adressée en qualité de futur cousin. Aucun moyen de s'y soustraire; et Adrienne se voit bientôt emportée par le riche équipage.

— Ouf! quelle horrible séance, fait Albert sortant du cabinet où il vient de passer près de deux mortelles heures. Myladi, ajoute-t-il en saluant Adeline, veuillez recevoir mes sincères complimens sur votre futur et brillant hyménée, ainsi que du charmant minois de la petite cousine.

— Ah! monsieur a remarqué Adrienne? répond Adeline d'un ton piqué.

— Oui, comme une jolie grisette, faite pour tourner la tête à quelque pauvre étudiant du quartier latin, à qui sa possession ferait sous sa mansarde trouver le paradis de Mahomet.

— Laissons cette petite, monsieur, et répondez. Que dites-vous de lord Betson?

— Le plus beau type à exploiter qui existe de Paris jusqu'à Pékin; un être comme on n'en voit pas, d'une confiance, d'une générosité sans exemple, répond le jeune homme du ton de la plaisanterie, en caressant d'un coup-d'œil le paquet de billets de banque qu'Adeline a placé près d'elle sur le divan. Mais, ajoute-t-il, impatienté de ce que la jeune femme ne lui parle pas du cadeau, à quoi comptes-tu employer ce don magnifique, ma chère?

— J'ignore encore de quelle valeur il est, répond Adeline en s'emparant de la liasse.

— Voyons, informons-nous...... Cent mille francs! Peste! voilà qui est beau! Dis maintenant que ma morale est dangereuse, pernicieuse! Penses-tu, ma toute belle, que le congé adressé à cet homme en faveur de mes beaux yeux, t'aurait valu pareille aubaine? Non! non! aussi me prend-t-il une indisposition de gaieté, des éclats de rire, quand je vois des passions, des systèmes, de la fidélité en amour, que j'en suffoque.

— Mademoiselle, pour la troisième fois qu'il se présente depuis ce matin, M. Lucien demande à avoir l'avantage de vous saluer, vient dire la femme de chambre en interrompant le tête-à-tête.

Au nom de Lucien, Adeline se trouble, rougit.

— Je vous avais ordonné de dire à cette personne que j'étais absente pour la journée.

— C'est vrai, mademoiselle; mais mademoiselle Adrienne, qu'il vient de voir chez votre oncle, lui a assuré votre présence au logis.

— La sotte! s'écrie Adeline.

— Quel est cet homme? demande Albert.

— Un ami de la famille.

— Eh bien! qu'il revienne dans un autre moment, mademoiselle n'a pas le temps de le recevoir aujourd'hui.

— Ce pauvre garçon! quelle insulte lui faire, exclame Adeline.

IX

Surcroit de fortune, nouvelle espérance.

On a vu plus haut que le galant étranger s'est empressé, bon gré malgré, de ramener chez l'oncle Duplan notre gentille Adrienne; mais ce qu'on ignore, ce sont les suites de cette aimable galanterie, fort utile à connaître, afin de bien s'identifier dans tous les événmens que contient cette véridique histoire. Or donc, remontons un peu, et nous apprendrons que le lord n'a cessé, tout le temps qu'a duré le trajet du boulevart à la rue des Blancs-Manteaux, d'adresser une foule de questions à notre timide Adrienne, concernant ses goûts, son état et sa famille : questions auxquelles la jeune fille n'a cessé de répondre avec esprit et décence. Ayant atteint le but de la course, la voiture s'arrête à la porte du Mont-de-Piété.

— Quelque riche malaisé, sans doute, venant nous faire un gros emprunt? pense aussitôt monsieur Duplan, qui, de sa fenêtre, aperçoit le bel équipage; et le concierge, présumant que son ministère va devenir nécessaire, sort aussitôt de sa loge, et la casquette eu main, arrive assez à temps pour voir le lord descendre le premier, et offrir ensuite sa main à la jeune fille, pour l'aider à franchir le marche-pied.

— Ma nièce en carrosse ! s'écrie le concierge en reculant de surprise.

— Mille excuses, monsieur, pour vous avoir dérangé de votre route, dit Adrienne en saluant le lord, qui ne cesse de lui tenir la main ; puis apercevant M. Duplan : Monsieur a daigné me ramener jusqu'ici, mon oncle, après nous être rencontré chez Adeline.

— Que de bonté, monsieur, donnez-vous donc la peine d'entrer chez nous afin de vous reposer un moment ; madame Duplan, mon épouse, sera enchantée de faire votre connaissance, dit l'oncle en accompagnant cette invitation d'une foule de salutations.

— Ah ! mon oncle, osez-vous bien offrir

notre demeure à une personne du rang de monsieur !

— Yes, yes, fait l'Anglais d'un ton très flegmatique ; moi désirer beaucoup fort connaître la famille et contempler les ouvrages de vous.

— Oui, monsieur, vous avez raison ; donnez-vous la peine de me suivre.

Adrienne, quoique confuse et embarrassée, se garde bien de faire traverser à l'Anglais la loge noire et enfumée que tapissent en ce moment une douzaine d'emprunteurs honteux, mais le conduit par un petit escalier à la chambre du haut, la plus belle enfin, et qui lui sert ordinairement d'atelier.

— Donnez-vous donc la peine de vous asseoir, monsieur. Pourrait-on vous offrir quelque rafraîchissement ? Adrienne, ôte cette chaise, et apporte un fauteuil à monsieur.

— No, no, ce chaise y être bonne.

— Monsieur est Italien, n'est-ce pas? cela se devine tout de suite.

— No! moi, être Englisman, répond l'Anglais.

— Ah! monsieur est Englisman; où donc est situé ce pays?

— Monsieur, vous dit qu'il est Anglais, mon oncle.

— Ah! ah! oui, je comprends, Englisman veut dire je suis natif de Londres en Angleterre; je vous en fais mon compliment, monsieur; c'est un beau pays que le vôtre; les chevaux y sont superbes. Voulez-vous bien me permettre de descendre avertir madame Duplan de votre présence chez nous?

—Yes, sire, yes; vous aller prévenir médam Duplan.

— Ne vous ennuyez pas, monsieur ; nous sommes à vous dans un instant. Adrienne, fais société à monsieur, mon enfant.

—Ce monsieur, y être beaucoup parleur, dit l'Anglais en examinant les diverses peintures et gravures qui garnissent les murs.

— Excusez son inexpérience du monde, mylord; tant d'excellentes qualités rachètent chez lui ce léger défaut.

—Ce peinture être de vous, miss ? demande le lord, arrêté devant un petit tableau d'à peu près un pied carré.

—Oui, mylord, répond la jeune fille avec timidité en jetant un coup-d'œil sur le tableau que l'Anglais indique, et qui n'est autre qu'un de ses essais en peinture sur toile.

— Ce petite peinture y être très bien, miss; vous consentir à le vendre à moi.

— La vendre! non, mylord; mais ce travail est le résultat de mes loisirs; il m'appartient, et si vous daignez lui trouver quelque mérite, je serais heureuse que vous l'acceptassiez comme un souvenir de mon estime.

— Vous, le donner à moi? reprend l'Anglais avec surprise, en fixant la jeune fille.

— Oui, mylord, si vous l'en trouvez digne.

— Yes, yes, moi accepter ce petite présent.

Cela disant, le lord s'empresse de le détacher de la muraille, et le tenant d'une main, de venir de l'autre presser avec aménité celle d'Adrienne.

— Voilà, madame Duplan. Ne vous impatientez pas, monsieur Mylord, crie le concierge du milieu de l'escalier.

Puis une seconde après, il paraît dans la chambre, suivi de son épouse.

Le lord salue la dame, ensuite lui indique galamment un siége ainsi qu'à Adrienne, et se place près d'elles.

— Puis-je savoir qui nous avons l'honneur de recevoir, demande sans plus tarder et avec franchise la concierge.

— Lord Betson, pair de le Angleterre, répond l'Anglais.

— Monsieur a des enfans, à ce qu'il paraît, s'informe M. Duplan.

— No, moi être célibataire.

— Monsieur, dit-on, est admis fort souvent chez ma nièce Adeline.

— Yes, médam, moi être beaucoup fort de ses amis.

— Plus encore, ma bonne tante, car mylord lui porte une telle estime, que dans quelques mois elle sera son épouse.

A cette nouvelle inattendue, le couple ouvre de grands yeux et fait un mouvement de surprise.

— Yes, moi adorer miss Adeline, et le prendre pour mon épouse si vous consentir à cette mariage.

— Comment donc, monsieur Mylord, mais certainement, et de tout notre cœur encore. Hein ! n'avais-je pas raison lorsque je disais que cette petite fille serait un jour quelque chose, s'écrie le concierge avec enthousiasme.

— Ce que vous faites l'honneur de nous annoncer, monsieur, me surprend tellement, que je doute encore de sa réalité.

Quoi! vous, monsieur, noble et riche, vous consentiriez sérieusement à prendre ma nièce pour femme légitime?

— Yes, yes, et enchanté de la possession de ce femme adorable.

— Mais vous n'ignorez sans doute pas, monsieur, qu'Adeline est sans fortune.

— Yes, lord Betson en avoir beaucoup, et la déposer à ses pieds.

Madame Duplan reste confondue, puis porte sur Adrienne un regard qui semble lui dire : Pauvre enfant ! mais c'est toi dont la vertu mériterait une pareille récompense.

— Vous consentir, médam, au bonheur de Betson?

— Oui, monsieur, je consens au bonheur d'Adeline, car en cette circonstance il est tout de son côté; la voir heureuse est mon vœu le plus cher; puisse-t-elle aussi mériter toujours votre estime et votre tendresse.

— Oh! je réponds d'elle comme de moi, fait entendre M. Duplan. Soyez sûr, ajoute-t-il, qu'avec elle, monsieur Mylord, vous ne connaîtrez pas l'ennui, une femme artiste c'est si amusant; surtout comme ma nièce, qui vous jouera, on ne peut mieux la comédie bourgeoise, s'il vous plaît de la donner dans votre salon. A propos! étiez-vous hier à ce maudit théâtre?

— Yes.

— Dieu! quel scélérat de public, n'est-ce pas? refuser d'entendre ma nièce, la siffler impitoyablement.

— Taisez-vous, monsieur Duplan, ne sentez-vous pas que vos observations sont plus nuisibles qu'utiles à votre nièce?

— Bah! quel mal tout cela peut-il lui faire? je suis bien certain, moi, que monsieur Mylord lui a rendu plus de justice que cet ignoble parterre, n'est-ce pas? Là, franchement, comment avez-vous trouvé son jeu?

— Beaucoup fort détestable.

— Pardon, pardon; faites attention que beaucoup fort, en français, signifie très mauvais, fait observer le concierge avec sang-froid.

— Yes, miss Adeline être très mauvaise comédienne, lord Betson ne pas vouloir souffrir son talent, et dépenser sept cents francs pour lui envoyer des petites sifflettes.

— Par exemple! vous avez payé pour faire siffler ma nièce, monsieur?

— Yes, yes, moi beaucoup mieux aimer que miss Adeline soit le épouse à lord Betson, que être une mauvaise comédienne.

— Mauvaise! mauvaise! parce que vos

sifflets l'ont intimidée, et c'est fort mal de votre part, monsieur Mylord, de priver la France d'une seconde Mars, parce que vous êtes amoureux.

— Silence, monsieur Duplan, vous dites des sottises, lorsqu'au contraire vous devriez remercier monsieur de l'honneur qu'il fait à votre nièce, en voulant bien la trouver digne de devenir sa femme, et en l'arrachant à un état de perdition.

— Vous avoir beaucoup de bon sens, médam; yes; miss Adeline, perdre elle dans le état de actrice.

— Oh! oh! se perd qui veut, murmure à demi-voix le concierge de fort mauvaise humeur;

— Médam, vous permettre à moi de venir souvent dans la maison à vous?

— Venez, mylord, votre présence ne peut être que très honorable pour nous;

ensuite, n'êtes-vous pas actuellement de la famille? répond madame Duplan très obligeamment.

— Vous aussi permettre, miss?

— Je vois toujours avec plaisir, mylord, les personnes qu'admettent et estiment mes parens, répond Adrienne avec modestie.

Quelques mots encore, puis l'Anglais se lève, presse la main de la jeune fille, salue l'oncle et la tante, et escorté de tous les trois, regagne sa voiture; puis, après un dernier adieu, s'éloigne et disparaît.

— Voilà un équipage qui me convient furieusement, et que j'emprunterai plus d'une fois à ma nièce lorsqu'il lui appartiendra. Oh! les fameuses parties de campagne que je ferais alors le dimanche! fait entendre le concierge en se frottant les mains et rentrant dans sa loge.

Adrienne a souri au projet de son oncle, et regagné sa chambre, où déjà active et laborieuse, elle prépare ses couleurs et saisit ses pinceaux.

Un bruit de pas se fait entendre dans le petit escalier, c'est Lucien; il entre, sa figure paraît triste et chagrine.

—Bonjour Adrienne.—Bonjour Lucien, asseyez-vous près de moi, mon ami; et tout en disant la jolie fille au teint écarlate, serrait avec vivacité dans le tiroir de la table devant laquelle elle était placée, un ovale en ivoire sur lequel elle peignait lors de l'arrivée du jeune homme.

— Adrienne, je suis bien malheureux!

— Toujours donc, mon pauvre ami?

— Plus que jamais, puisqu'elle me chasse entièrement de sa présence.

— Ah! Pourquoi cette pensée?..

—Parceque le mal est réel; non Adeline

n'a même plus pour moi cette estime que lui inspirait la volonté de me souffrir près d'elle, qui la fesait me traiter non en amant, hélas! mais du moins comme un frère. Maintenant elle me fuit, me consigne à sa porte, évite en tous lieux mes regards et, sans pitié, me laisse mourir de chagrin et d'amour.

— Ah! pourquoi vous affliger ainsi, pourquoi tant vous plaindre d'elle et l'accuser d'inhumanité? Peut-être un devoir impérieux lui dicte-t-il, Lucien, une conduite si sévère.

— Des devoirs! en est-il de plus sacrés, de plus à ménager que ceux de l'amitié; et à mon égard ne les froisse-t-elle pas sans pitié?

— Elle les remplirait tous avec zèle, sans doute, si vous n'exigiez plus qu'elle ne peut vous accorder. Oh! croyez-moi, Lucien, dans l'intérêt de votre repos, de votre bonheur, contentez-vous d'aimer Adeline comme une sœur chérie ; alors elle vous aimera de même, vous recevra avec joie et sans nulle contrainte. — Lorsque l'amour est étranger au cœur, il est facile de donner de semblables conseils, parce qu'alors on ne conçoit pas l'impossibilité de les suivre, que l'on ignore combien l'amitié, avec toute sa force, est loin de satisfaire une brûlante passion, répond le jeune homme avec amertume.

— Oui, oui, je vous approuve, Lucien, l'amitié est loin, bien loin de tenir lieu d'amour ! fait entendre Adrienne avec émotion et étouffant un soupir prêt à s'exhaler de son sein.

— Alors, pourquoi ces conseils ?

— La jeune fille reste muette à cette question, car elle n'ose s'expliquer davantage dans la crainte de trop en dire et de laisser

deviner à Lucien le malheur qui le menace;
la perte de ses amours; enfin, le mariage
projeté d'Adeline et du lord.

Un long instant de silence s'est établi
entre les deux jeunes gens; puis, reprenant:

— Mon oncle vous a-t-il remis, avant de
monter ici, la lettre que pour vous nous
avons reçue ce matin? dit Adrienne.

— Oui, la voici; je ne l'ai point encore
ouverte, répond Lucien en la sortant né-
gligemment de sa poche.

— Ouvrez, ouvrez mon ami; ne vous
gênez pas. Lucien usant de la permission,
brise le cachet et lit : c'est un notaire de
Paris qui lui écrit et l'engage de passer à
son étude, afin d'y toucher sa part d'héritage montant à trente mille francs, pro-
venans de la succession d'un cousin décédé
à Dieppe, il y a six mois, et dont Lucien
ignorait la mort. Sans manifester aucune

joie de cette nouvelle, le jeune homme la communique à Adrienne, qui tout en plaignant le défunt, félicite Lucien du surcroît d'aisance que cet événement va lui procurer. Ainsi donc, en joignant les intérêts de ladite somme aux douze cents livres de rentes qu'il possède déjà, Lucien va jouir d'un revenu de deux mille sept cents francs. Ah! si cette médiocre fortune jointe au salaire que lui procurera son assiduité au travail, lui semblait digne d'être offerte à Adeline; si elle-même la trouvait suffisante à une existence d'amour, de bonheur et de calme, qu'il serait heureux, en échange de sa main, de la déposer à ses pieds, mais non! Qu'est-ce que cela pour son ambition? Cependant, si elle l'aimait un peu, assez pour lui sacrifier quelques goûts mondains? Oh! il lui en parlera, il essayera de l'attendrir ; veuille le ciel le seconder dans ce dernier espoir. Ainsi pensait le jeune homme tombé subitement dans une profonde rêverie, tandis qu'Adrienne le contemplait en silence avec la plus vive émotion.

Lucien a passé une longue partie de la journée près de la jeune fille, l'entretenant sans cesse d'Adeline, et ne recevant, pour réponses, que des conseils d'amitié qui contrariaient continuellement son amour et ses projets.

La famille a été fidèle à la convention qu'elle s'était imposée ; celle de ménager la sensibilité du jeune homme, en lui cachant, le plus long-temps possible, la prochaine union de l'ingrate qu'il aime, avec une autre que lui. Lucien s'est donc éloigné en emportant encore une lueur d'espérance, et dans l'intention de tenter de nouvelles démarches afin d'obtenir d'Adeline un instant d'entretien et de chercher à l'attendrir par l'offre d'une nouvelle fortune.

Adrienne restée seule après le départ de Lucien, demeure long-temps triste, silencieuse, les yeux mouillés de larmes et les coudes appuyés sur sa petite table dont, long-temps après, elle ouvre le tiroir pour y prendre l'ivoire qu'à l'approche du jeune homme elle y a placé.

Qu'est-ce donc que cet ivoire? celui sur lequel Adrienne, de mémoire et en cachette, essaie depuis quelques jours à tracer les traits chéris de Lucien, de Lucien qu'elle aime en silence de toute la force de son âme, dont l'amour pour une autre la consume et lui fait souffrir mille morts; de Lucien, qui ignore combien elle l'aime, et, tout occupé d'une autre passion, n'a jamais remarqué ses regards, ses soupirs, ni deviné ses souffrances. Mais c'est en vain que la pauvre fille s'arme de ses pinceaux afin de terminer son précieux ouvrage, les pleurs interceptent sa vue et la forcent à l'abandonner; alors, le portrait vient se placer sur des lèvres qui le couvrent de baisers, puis des yeux charmans le contemplent avec ivresse et l'arrosent de larmes et de regrets.

— Oui, je le répète, ça me fait bisquer de voir qu'on fasse la princesse avec une de ses plus anciennes camarades, une amie enfin!

— Allons, Psyché, du calme, ma toute belle!

— Je vous trouve plaisant, Tonton, avec votre calme; bon pour vous, gros sans cœur, de rester insensible et froid devant les sottises qu'on vous fait; mais il n'en est pas ainsi de moi, entendez-vous?

— Voyons, conte-moi ça, ma Vénus, et ne te fâche pas ainsi. Ah ça! elle t'a donc fait de grandes impolitesses, cette petite Adeline?

— Quoi! vous le demandez? ne vous êtes-vous pas déjà aperçu que depuis les cent mille francs que son Anglais a eu la bêtise de lui donner, qu'elle nous fait froide mine, ne nous invite plus à dîner, et n'est sensé jamais chez elle lorsque nous nous y présentons.

— C'est vrai, j'approuve ta remarque, ma chère; mais, vois-tu, c'est que lorsqu'on possède cent mille francs on n'a guère de temps à soi, surtout lorsqu'il s'agit de les dépenser aussi lestement que s'en acquittent Adeline et son amant. Mais, est-il heureux cet Albert que nous lui ayons, pour ainsi dire, fait faire la connaissance d'une jolie femme juste au moment où elle reçoit une somme immense en cadeau?...

— Oui, et pour nous récompenser d'une si bonne aubaine, et pouvoir en profiter tout à son aise, le fat indispose Adeline contre nous et chasse les amis de sa maison.

— Et empêche sa maîtresse de nous prêter dix malheureux mille francs dont en ce moment nous avons le plus pressant besoin afin de conclure notre hymen et monter notre maison.

— Ah! ne m'en parlez plus, Tonton, car tout cela me met en fureur. Oh! je me vengerai de ce refus et des dédains dont elle m'a abreuvée.

— J'approuve! Oui, vengeons-nous; mais comment?

— Comment? reprend Psyché, oh! rien de plus facile...

— Mais encore ? fait Tonton.

— C'est mon secret, vous le saurez plus tard.

— Ainsi, tu renonces à retourner de nouveau près d'Adeline ? à lui renouveler la demande de l'emprunt de dix mille francs?

— Tout-à-fait; car un second refus serait par trop humiliant.

— Bah! le bonheur, chère amie, de m'avoir pour époux devrait t'affranchir de ce petit scrupule.

— Lâche et sans le sous: deux vilaines qualités que vous possédez là, Tonton. Ah! pourquoi ne m'est-il pas aussi tombé un lord Betson à moi? il ne m'en aurait pas plus coûté pour l'aimer et lui être fidèle qu'il ne m'en coûte pour combler de ces avantages un magot de votre espèce.

— Psyché! ce que vous dites là me

blesse sensiblement. Qu'avez-vous à vous plaindre, ingrate? N'êtes-vous pas chérie de moi tendrement? Je ne vous ai point, il est vrai, comblé des dons de la fortune, parce que je n'en ai pas moi-même, et que mes appointemens suffisent à peine à mes modestes besoins; mais en revanche, injuste beauté, ne t'ai-je pas enseigné le noble état de la danse? N'ai-je point dévoué tes pieds au plus noble des arts? N'est-ce pas par mes soins, ma protection, que tu occupes en ce jour, au royal théâtre, un des emplois de troisième danseuse. —

— Peste! quel poste lucratif, douze cents francs par an, pas une obole avec, juste enfin de quoi payer les gants que j'use dans une année.

— D'accord, l'emploi n'est pas des plus lucratifs; mais à l'avenir il peut devenir superbe; ensuite, pourquoi te plaindre, ma douce amie, mon appartement n'est-il pas le tien et ma bourse la tienne ?

— Bel avantage, un appartement rococo et une bourse où il n'y a rien dedans.

— Parce que son contenu sert à payer ton entretien ou satisfaire tes plaisirs.

— Tout cela n'empêche pas, mon cher, quoique je vous aime infiniment, que j'aviserai à me rendre plus heureuse; car je vous avertis, Tonton, la gêne commence à me peser terriblement; je ne me suis pas faite danseuse de l'Opéra pour végéter misérablement; ainsi, mon cher, si vous ne trouvez moyen de me mettre plus cossument, de me mener moins souvent à pied il faudra vous résigner à me souffrir un entreteneur.

— Voilà qui est moral ! s'écrie Tonton étourdi de l'avertissement inattendu.

— Moral ou non, cela sera comme ça,

le bonheur d'Adeline, son luxe, ses cachemirs, sa voiture : toutes ces choses me tournent la tête, me rongent de jalousie; et lorsque le physique et la bonne volonté ne me manquent pas et me permettent d'aspirer à ce sort brillant, j'ignore pourquoi je végéterais et serais éternellement la maîtresse très mesquine d'un danseur de seconde classe.

— Silence, Psyché, votre immoralité m'afflige, me fait dresser les cheveux de la tête. Femme injuste et volage! oses-tu bien tenir un semblable discours à l'amant le plus fidèle, le plus tendre? A celui qui se contenterait d'une chaumière et de ton cœur?

— Oui, une chaumière où il y aurait une nombreuse société, une bonne table et du vin de Champagne à discrétion; répond Psyché.

— Non, un désert et toi sans cesse sur mon cœur, ô ma Psyché!!

— Voilà qui serait fièrement amusant pour moi, s'écrie Psyché en haussant les épaules et tournant le dos à Tonton. En ce moment les yeux du danseur se fixèrent sur la montre d'argent accrochée à la cheminée. — Six heures. Il faut nous séparer, ô ma chérie! car l'heure et le devoir réclament ma présence à l'Académie-Royale. Réponds, chère Sylphide, n'y viens-tu pas avec moi?

— Non, je ne danse pas ce soir. Je reste donc ici à me reposer, dit Psyché d'un ton de mauvaise humeur.

— Alors je te quitte, ma douce amie; demeure, et surtout, en son absence, pense à ton chéri, à celui qui voudrait te filer des jours d'or, et de soie...

— C'est bien, c'est bien! Je penserai à ce qui m eviendra à l'esprit.

— Mauvaise! baise-donc ton chéri avant qu'il ne parte.

Le baiser accordé, Tonton s'éloigne en souriant, pirouettant, et après avoir promis de rentrer aussitôt après la fin du spectacle.

— Le plus souvent que je vais m'hébêter à l'attendre, pensa Psyché aussitôt après le départ de son amant. Et s'empressant de couvrir sa tête d'un chapeau, de jeter un châle sur ses épaules.

Elle sort; c'est chez sa mère qu'elle veut se rendre. Psyché traverse donc le boulevart; dans le moment, une calèche attelée de deux chevaux fringans, accourt vers elle; ses yeux ont reconnu de suite, dans ceux qui en occupent l'intérieur, Albert et Adeline; la voiture passe et couvre de nombreuses taches la malheureuse Psyché, qui, pour toute consolation de sa mésaventure, reçoit un simple signe de tête de la part d'Adeline et un faible sourire des lèvres d'Albert.

— Sapristie ! si ce n'est pas cent fois vexant d'être éclaboussée par des gens de cette espèce ! Cette bégueule, à peine si elle a daigné faire attention à moi. Oh ! il faut que cela finisse, ou je crève de dépit. En disant ainsi, Psyché, avec son mouchoir, essuyait son visage et sa robe que la boue avait tachée, lorsque, par mégarde, une personne la heurta en passant.

— Dieu de Dieu ! c'est le ciel qui me l'envoie ! s'écria-t-elle subitement en reconnaissant lord Betson dans celui qui l'a coudoyée et marche devant elle.

— Bonsoir, Mylord.

— Oh! la petite Psyché, good night, ma chère.

— Où allez-vous donc ainsi, Mylord, sans doute chez votre belle Adéline ?

— Yes, yes, ma chère.

— Évitez-vous cette peine, car elle est absente ; il y a une minute tout au plus que je viens de la voir passer dans sa calèche, avec un beau jeune homme à ses côtés.

— Oh! oh! un beau jeune homme, vous disiez ?

— Oui, Mylord, avec qui je la vois très souvent même, et que sans doute vous devez connaître, M. Albert de Mouvra.

— No, no, moi pas le connaître du tout.

— Hélas! cela ne m'étonne pas, mon cher Mylord, reprend Psyché en affectant de pousser un gros soupir et de fixer sur l'Anglais un regard de compassion.

— Vous miss, avoir une petite chagrine ?

— Non Mylord, c'est pour vous que je me sens vraiment affectée; vous si bon, si confiant, si généreux!

— Oh! oh! vous aimer beaucoup moi, à ce qu'il paraît?

— Beaucoup, Mylord; plus peut-être que vous ne le pensez.

— Oh! oh!

— Tenez, Mylord, j'aurais besoin de causer long-temps avec vous; car j'ai tant de choses à vous dire pour votre honneur et votre tranquillité. Dites-moi, êtes-vous libre ce soir!

— Yes, yes, les anglishmann être toujours libre, beaucoup libre.

— Eh bien! consentez à venir passer quelques instans chez moi où nous causerons plus à notre aise que sur un boulevart, sans craindre les importuns. En parlant ainsi, la jeune fille s'était emparée de la main de Betson qu'elle pressait doucement en l'attirant à elle.

— Vous, avoir beaucoup à parler à moi?

— Beaucoup, mylord.

— Oh!

Et cela dit, l'Anglais prend le bras de Psyché qui le conduit vers sa demeure, ou, pour dire vrai, à celle de Tonton, où bientôt ils arrivent et se placent près l'un de l'autre.

— Moi, tout à vous pour entendre miss, dit le lord, en tournant ses regards tout autour de la chambre à coucher, où Psyché l'a fait entrer comme étant la mieux meublée, et la plus recevable des trois qui composent l'appartement du danseur.

— Mylord, n'attribuez à nul sujet de haine ou de vengeance, le secret que je vais vous divulguer; mais bien à ma morale, à mon exquise délicatesse en fait d'amour et de sentiment. Car, telle est ma pensée, mylord, ou l'on doit aimer sincèrement, fidèlement, ou ne pas s'en mêler.

— Cela être bien agir, miss.

— Oh! c'est comme je vous le dis là. Psyché aime ou n'aime pas; si elle aime elle reçoit les caresses et le bien que lui fait son ami avec amour et reconnaissance; mais si son cœur est vide et n'éprouve aucun tendre sentiment pour celui qui lui offre ses hommages et ses richesses, alors elle repousse l'un et l'autre; parce qu'il est affreux, horrible, de feindre une amitié qu'on ne ressent pas; encore plus infâme d'accorder des caresses où le cœur n'est pour rien; et lâche à l'excès, d'accepter de celui qu'on méprise et qu'on trompe, ses présens et son or, pour courir les dissiper avec un amant préféré.

— Yes, ce conduite être abominable!

s'écrie l'Anglais en laissant prendre sa main par Psyché, qui la lui presse presque avec tendresse.

— Eh bien ! Mylord, croiriez-vous que vous et moi connaissons une femme capable de cette perfide bassesse ?

— Oh ! fait Betson en ouvrant de grands yeux qu'il fixe avec inquiétude vers ceux de la danseuse : vous dire à moi le nom de ce femme coupable ?

— Je le voudrais, mylord, et cependant j'hésite, parce que je suis presque certaine que vous ne me croirez pas.

— Oh ! Yes ! yes ! moi ajouter beaucoup de la foi aux langages de vous.

— C'est vous, mylord, qui le premier allez dire le nom de la coupable, en répondant à la question suivante. Quelle est la femme pour qui vous vous sentez capable de plus d'amour et de sacrifice ?.

— Miss Adeline, que je adore beaucoup fort !

— Vous l'avez nommée, mylord.

— Godam ! Miss Adeline tromper moi ? Vous mentir, petit Psyché.

— Parole d'honnête fille, mylord, Adeline vous fait ce qu'on appelle la queue.

— Oh ! moi pas en avoir, répond l'Anglais, rouge comme un coq, en passant la main sur le derrière de sa tête.

— Vous ne comprenez pas l'étendue et la nouvelle signification de ce mot, mylord. Il veut dire que votre maîtresse vous trompe, est infidèle, et se rit de vous dans les bras d'un autre avec qui elle dépense follement les dons qu'elle tient de votre générosité.

— God ! god ! god ! ! s'écrie l'Anglais énergiquement, en serrant les poings.

— Allons, mylord, du sang-froid ; il ne

faut pas ainsi vous courroucer; l'ingrate en vaut-elle la peine?.. Il y a tant de femmes dans ce monde, qui envieraient un ami tel que vous; qui, par leurs caresses, leur constance, seraient heureuses de payer votre amour. En disant, les bras de Psyché s'étaient passés au cou de Betson, et ses yeux fixaient les siens avec une expression pleine d'amour et de désirs.

— No! no! fait entendre l'Anglais en secouant la tête d'une façon négative : Vous tromper moi, petite miss Adeline, incapable de ce grosse ingratitude.

— Me croyez-vous capable d'une telle imposture? Je vous le répète, votre maîtresse vous trompe; elle aime depuis peu un jeune fat nommé Albert de Mouvra; fashionable ruiné et endetté, avec qui elle dépense l'argent que vous lui avez donné, en passant ses jours et ses nuits avec lui.

— Ses nuits!! Godam!! moi boxer lui; moi tuer lui beaucoup fort... Moi les surprendre dans le sommeil à eux. Moi abandonner la perfide Adeline et mépriser elle infiniment!

— Tout ce qu'il vous plaira, mylord, oh! elle l'aura bien mérité. Mais le principal est de les surpendre, et rien ne vous sera moins facile; car ils sont sur leurs gardes, et le petit escalier sert à merveille pour éviter la rencontre de ceux qui montent par le grand.

— Moi monter tous les deux ensemble, godam!

— Ensemble! cela vous sera difficile, mylord, à moins de vous fendre en deux.

— God! god! vous dire le vérité.

— Répondez, mylord, si pour preuve de l'amour, de l'amitié, veux-je dire; reprend Psyché en baissant les yeux avec une fausse modestie ; si pour preuve de l'amitié que vous m'inspirez, je servais votre vengeance et vous fesais surprendre les deux coupables endormis dans les bras l'un de l'autre. Quelle récompense de votre part, devrai-je attendre de ce service ?

— Le estime à moi.

— Votre estime, mylord, rien que cela ?

— Avec deux cents guinées. Vous être contente alors ?

— Non, mylord, je ne veux point de votre or, et je suis plus ambitieuse, répond Psyché avec une feinte émotion.

— God, god ! Moi comprendre vous, petite, dit l'Anglais en fixant attentivement Psyché.

— Eh bien ! puisqu'il vous faut un sincère aveu, je voudrais, pour être heureuse et ne plus rien ambitionner au monde, qu'un peu de cet amour dont une infidèle vient de se rendre indigne, devint le partage de la pauvre Psyché.

— Oh! vous aimer beaucoup moi, miss Psyché?...

Hélas mylord! faut-il donc que ma voix vous confirme ce que mes yeux vous disent depuis si long-temps?..

— Moi se être jamais aperçu de la discours de vos petites yeux.

— Cependant, en votre présence, ils n'ont cessé de se fixer sur vous avec bonheur et désir.

— Oh! yes, y être beau et amoureux beaucoup fort le petite regard.

En disant, l'Anglais s'était emparé de la tête de Psyché, carressait son visage et s'animait peu à peu d'un autre sentiment que celui de la colère; puis il déposa un premier baiser sur les lèvres de la danseuse qui riposta aussitôt à cette caresse d'une manière à en exciter cent autres de la même façon et que Betson ne fit pas attendre. Alors les voix se turent, le murmure des baisers se fit seul entendre; puis après, un bruit singulier, semblable en tout à un poids énorme tombant sur une couchette...

—God! moi se être beaucoup vîte oublié avec ce petite, murmurait tout bas Betson un instant après en essayant de quitter la position qu'il occupait près, très près de Psyché.

— Quoi, vouloir déjà mettre fin à un si délicieux moment? oh mon ami! mon cher Betson! demeurez près de celle qui vous aime avec tant d'ardeur! celle qui vient dans vos bras, de goûter le bonheur suprême.

— Yes, moi aimer vous aussi très tendrement, petite; vous beaucoup amoureuse et tenir la promesse de montrer à moi le perfidie de miss Adeline.

—Comment, mylord, vous persévérez encore à exiger des preuves de ce que ma bouche vient de vous confirmer? hélas! après ce qui vient de se passer entre nous, qu'importe la conduite de votre ancienne maîtresse, lorsque celle qui vous venge de ses infidélités vous chérit plus que la vie et jure de mourir fidèle à l'amour que vous avez su lui inspirer.

— Oh! yes, cela être très bon, mais moi, vouloir confondre le scélérate de miss Adeline.

Et l'Anglais de faire un grand effort pour échapper aux bras de Psyché qui le retient de nouveau sur son sein, en cherchant par de vives caresses à ranimer un désir éteint et satisfait. Mais, c'est en vain qu'elle épuise toutes ses ressources amoureuses, toute sa coquetterie de femme passionnée. Le lord reste froid et finit même par détourner sa bouche des lèvres de la Phrynée. Échappé enfin de ses liens il se jette sur un fauteuil, où un instant après Psyché confuse et humiliée de tant d'indifférence vient le trouver et s'asseoir. Là, plus de débats amoureux ; mais l'expression de la ferme volonté du lord, qui exige, le soir même, des preuves de l'accusation portée contre sa maîtresse chérie. Des preuves irrécusables, ils les lui faut, ou sans cela, Psyché ne jouira dorénavant ni de sa présence ni de ses bienfaits.

— Allons puisque vous l'exigez, Monsieur, il faut que je vous satisfasse, répond la jeune femme d'un ton piqué. Ce soir, à minuit, attendez moi dans votre voiture au coin du boulevard Saint-Martin, je viendrai vous prévenir aussitôt que les coupables seront couchés et vous remettre la clé de la porte donnant sur l'escalier dérobé.

— Yes, moi exact, moi beaucoup fort reconnaissant de la peine à vous, miss, ce soir à minuit.

— Comment, vous me quittez déjà, Mylord? dit Psyché, voyant l'Anglais se lever et prendre son chapeau.

— Yes, mé chère, le affaire appelle moi toute de suite. A ce soir, boulevard Saint-Martin.

— Adieu donc, monsieur, à ce soir; reprend Psyché, d'un ton maussade et saluant Betson avec froideur.

Restée seule, la danseuse remet un peu d'ordre dans la chambre, puis dans sa coiffure et sa toilette; en quittant le miroir, ses yeux aperçoivent une bourse sur la cheminée; mouvement de surprise, elle s'en empare, l'ouvre précipitamment, y trouve vingt-cinq pièces d'or de vingt francs. Cette bourse est celle de Betson, c'est lui qui avant de partir l'a posée sur la cheminée; dans quelle intention? Celle sans doute de payer avec cet or l'amour vrai ou faux de la jeune femme et quelques instans de sa possession. A tout autre qu'à Psyché, cette façon de s'acquitter eût paru une offense, eût été un sujet d'humiliation; mais elle dont l'intérêt avait guidé la conduite, la possession de cet or qu'elle ne regardait que comme un prélude de la générosité de l'amant, la fit tressaillir de joie et rêver aussitôt un avenir de luxe, de bonheur et de plaisir.

— Oui, mais pour s'assurer complètement la confiance et l'amour de cet homme magnifique, il fallait avant rompre entièrement sa liaison avec Adeline; le mettre en présence de l'infidélité de cette dernière; les brouiller ensemble pour la vie; puis, après avoir congédié Tonton, s'emparer de l'esprit du lord et jouir en la place d'Adeline des dons de sa générosité.

Aussi, Psyché, afin de mettre ces projets à exécution, se hâta-t-elle de reprendre châle et chapeau, de se remettre en route, et de diriger ses pas vers la demeure d'Adeline, où elle se présente et apprend, de la bouche de la femme de chambre, que sa maîtresse n'est pas encore rentrée.

Cette absence sert à merveille les intentions de la visiteuse qui, sous prétexte d'écrire un mot à Adeline, pénètre seule jusqu'à la chambre à coucher, en ouvre le cabinet et s'empare de la clé promise par elle à lord Betson; et après avoir tracé quelques lignes du regret de ne pas encore rencontrer cette fois l'amie qu'elle vient visiter, Psyché se retire en chargeant la chambrière de son billet et de mille choses aimables pour sa chère camarade.

C'est au café situé en face la demeure de celle qu'elle trahit en ce moment d'une manière indigne que Psyché va s'installer et guetter le retour des deux amans.

Onze heures, personne! la demie, encore rien! Minuit vont sonner, espérance: car une voiture vient s'arrêter à la porte cochère.

La danseuse quitte son observatoire, s'avance sur la chaussée du boulevard, reconnaît la calèche, puis Albert et Adeline qui en descendent et entrent dans la maison.

— Victoire! les oiseaux tombent dans le trébuchet, s'écrie Psyché joyeuse ; puis elle court vers l'extrémité du boulevard, cherche des yeux, aperçoit une seconde voiture, s'en approche et reconnaît lord Betson, dans celui qui en occupe l'intérieur. En un instant elle est près de lui.

— Mylord, voici l'instant où le bandeau va tomber de vos yeux, où la perfidie va vous apparaître dans toute sa laideur ; armez-vous de courage et sachez punir comme vous savez aimer.

— Vous, avoir le petite clé?

— Oui, mylord, la voici; mais laissons aux coupables le temps de se mettre au lit et ordonnez à votre cocher de conduire cette voiture en face la demeure de l'infidèle, afin d'épier de là si l'amant préféré ne s'éloignerait pas ce soir, contre son habitude.

Le conseil est aussitôt mis à exécution.

— Véritablement mylord, il n'y a qu'un amour, tel que vous me l'avez inspiré, qui soit capable de faire excuser la trahison dont je me rends coupable en ce moment, dit Psyché.

— Yes, miss, vous rendre à moi un gros service.

— Je le répète, Mylord, mon excuse est toute dans l'ambition que m'inspire la possession unique de votre cœur...

L'Anglais dont la tête est pour ainsi dire hors de la portière et le regard fixé sur la demeure d'Adeline, ne répond rien à ce second aveu de Psyché; mais après un silence assez long, entendant sonner la demie après minuit:

— Eh bien! miss Psyché, y être temps de agir je pense?

— Oui, mylord; car je n'entrevois plus que la lueur de la veilleuse de nuit à travers les rideaux de la chambre à coucher; allez donc, voilà la clé; surtout de la prudence; contentez-vous de voir et venez me rejoindre au plus vîte, je vous attends avec impatience.

Pas de réponse du Lord qui franchit le marche-pied, frappe deux fois à la porte cochère et pénètre dans la maison.

— Qui est-là? où allez-vous...?

Betson, sans s'embarrasser de ces deux interpellations de la part du concierge, se précipite dans le petit escalier, atteint le second étage, puis la porte de derrière; il l'ouvre doucement, doucement, et se trouve dans le cabinet, situé à la tête du lit. Alors une légère cloison le sépare seule des coupables; Betson écoute et entend deux soupirs différens; furieux, hors de lui, d'un coup de pied il enfonce la faible porte vitrée qui lui barre le passage, tombe comme la foudre au milieu de la chambre, et aperçoit dans le lit deux figures sur lesquelles se peignent la surprise et l'effroi.

— Miss Adeline, vous être une perfide ! une infâme ! s'écrie le lord.

— Qui donc se permet de pénétrer ici à cette heure ! dit à son tour Albert, à peine réveillé.

—Miss Adeline, lord Betson abandonner vous à jamais ! reprend l'Anglais.

Mais Adeline ne l'entend plus, car de surprise et de crainte elle vient de s'évanouir.

—Sortez, monsieur, sortez, ne me forcez pas à quitter ce lit afin de vous chasser hors de cet appartement, répond Albert essayant à prouver du sang froid quoique fort contrarié de l'aventure dont il vient de comprendre toute la conséquence et les suites.

— Vous être un lâche et miss Adeline une catin, s'écrie Betson; moi corriger l'un et l'autre, si lord Betson y voulait sâlir lui !

— Mylord, vous êtes un insolent ! exclame Albert se jetant en bas du lit et s'approchant de l'Anglais, sortez à l'instant même et sans bruit, ou c'est moi qui se charge de punir votre audace.

— God ! god! fait Betson en levant les yeux au plafond et serrant les poings.

— Allons, monsieur, hâtez-vous, car cette femme a besoin de secours; partez, vous dis-je, ou je vous jette par cette fenêtre.

— Godam! répète énergiquement Betson en frappant du pied, puis courant à la fenêtre que, du doigt, vient d'indiquer Albert, l'anglais l'ouvre en entier et présentant à Albert les canons d'une paire de pistolets qu'il a sorti de sa poche, ordonne au jeune homme de sortir lui-même par cette issue.

Albert pâlit alors et peu envieux de faire

un saut si périlleux, commence à rabattre de son ton tranchant et à prier le lord de vouloir bien, par son absence, mettre fin à cette scène scandaleuse.

— Yes, moi finir tout de suite ce discussion, mais vous sortir de suite aussi par la fenêtre ou par la porte.

— Cependant, mylord, il me semble qu'après l'infidélité flagrante de votre maîtresse et la préférence qu'elle m'accorde sur vous, ce serait à votre grâce de s'éloigner et non à moi?

— Vous me braver encore! monsieur, sortez dis-je à vous, sortez tout de suite ou moi ne pas répondre de mon indignation!

En disant l'Anglais, pourpre et les yeux hors de l'orbite, poussait Albert du canon de son pistolet le faisant reculer vers la porte.

— Je suis sans vêtemens, monsieur, et ne puis sortir ainsi.

— Vous avoir raison, mettez les habits et partir aussitôt.

Albert forcé d'obéir s'empresse de se vêtir; pendant ce temps, Betson qui a rallumé les bougies en approche une du visage d'Adeline qui, pâle et inanimée, ne donne aucun signe de vie.

— Pauvre miss! elle, punie beaucoup fort de son conduite déloyale, dit Betson en levant les épaules et retournant placer le flambeau sur la cheminée.

— Je suis prêt, monsieur, mais avant de m'éloigner et de céder non à la peur, mais à la prudence et à la force; veuillez m'apprendre ce que vous prétendez faire en ce lieu lors de mon absence?

— Lord Betson ne devoir aucun compte

de la conduite à lui, à qui que ce soit.

— Mylord! gardez-vous, surtout, de toute violence envers cette femme qui, en se donnant à moi, a rompu tous les droits que le titre de son amant vous donnait sur elle.

— Lord Betson être homme d'honneur, répond l'Anglais avec dignité.

— Encore un mot, mylord; j'espère que demain vous me rendrez raison de la violence dont cette nuit vous me rendez victime; à partie égale, vous verrez si Albert de Mouvra recule devant une arme à feu.

— Vous êtes dans l'erreur beaucoup fort, monsieur, moi me battre, jamais, pour et avec des gens que je méprise; ce femme et vous ne pas être digne de ce honneur.

— Mylord Betson!!! exclame Albert furieux et humilié, en avançant de quelques pas au devant de l'Anglais.

— Arrière, monsieur, vous sortir tout de suite; cela disant, l'Anglais repoussait Albert avec ses armes.

— N'importe laquelle, il me faut une vengeance; nous nous reverrons, mylord, nous nous reverrons! et repoussé jusqu'au carré sur lequel il venait de prononcer cette menace; Albert voit la porte se fermer sur lui avec violence, et le laisser dans l'obscurité la plus profonde. Ces dernières paroles prononcées avec force, ont retenti dans la maison et troublé le repos de quelques locataires; déjà des lumières paraissent, les portes s'ouvrent à l'étage supérieur de celui où Albert est en ce moment aux écoutes, l'oreille appuyée sur la porte d'Adeline; mais on se prépare à descendre; il faut fuir; car, que penserait-on de le voir à cette heure, seul et sans lumière, sur l'escalier d'une maison où il est étranger; oui, il faut quitter ce lieu, courir chercher des armes, et revenir de suite chasser cet enragé Anglais.

Il atteint la cour; demande le cordon; jette un napoléon au concierge qui gronde, la tête à sa lucarne; puis sort, et dès le premier pas se heurte sur le panneau d'une voiture.

— Arrivez-donc, mylord, que vous avez été long, et que j'avais d'inquiétude! Albert a reconnu la voix de Psyché; et profitant de l'erreur, avant que le cocher ne soit descendu de son siége, il a sauté dans la voiture et s'est placé à côté de Psyché.

— Cocher, les boulevarts tout droit et au pas; afin que mylord et moi puissions nous entretenir plus long-temps.

— Yes, tout droit et au pas, murmure Albert, en imitant l'organe et le jargon de l'Anglais. Ils roulent.

— Eh bien, mylord, vous ai-je dit la vérité; avez-vous surpris et terrifié les coupables?

— Yes!

— Que cette Adeline était loin de s'attendre à votre présence, n'est-ce pas? Étaient-ils au lit ensemble?

— Yes, au lit ensemble.

— Vous parlez peu, mylord, seriez-vous affecté de la perfidie de cette femme volage?

— No, no.

— Ah! oubliez là, mon ami; elle n'est plus digne de votre souvenir; oui, oubliez là pour ne plus penser qu'à moi; à moi à qui vous êtes si cher, qui vous aime à la folie.

En parlant ainsi, Psyché recommençait ses caresses, pressait Albert sur son sein; lui, profitant de l'erreur, soit par caprice ou par vengeance, répondait à ses baisers puis à ses agaceries, et puis... et puis...

— Ah! cher mylord! quel bonheur on éprouve dans vos bras ; que vos caresses sont suaves ; que votre amour est délirant, s'écriait Psyché dans son transport.

— Yes, yes, répondait Albert, tout en prolongeant un jeu qu'il trouvait assez de son goût ; parce qu'en caressant une fille jeune et gentille, il satisfaisait à la fois et sa vengeance et son plaisir.

Comme on ne peut toujours faire l'amour, et que le désir s'éteint vite là où ne gissent d'autres sentimens que la passion des sens ; de plus que la voiture avait déjà franchi deux fois le trajet du boulevart Saint-Martin à la Madeleine, et de la Madeleine au faubourg Poissonnière, Albert prétextant un sommeil invincible, une extrême fatigue, proposa à la jeune femme de la reconduire à sa demeure, en continuant de contrefaire la voix du lord anglais, dont l'obscurité des rues lui permettait de jouer le personnage.

— Vous souhaitez nous séparer, mylord; j'y consens; car vos désirs sont des ordres pour votre amie; mais, avant notre séparation, instruisez moi, de grâce, de l'heureux instant qui nous réunira de nouveau.

— Demain, à dix heures, à mon hôtel; vous venir me voir, mon petite Psychée.

— Oui, mon ami, demain; comptez sur mon exactitude, répond la danseuse enchantée de l'invitation et d'une faveur dont elle sait qu'Adeline n'avait jamais joui. Encore quelques tendres démonstrations de la part de Psychée; puis, le cocher, selon l'ordre qu'il avait reçu de la danseuse, arrêta sa voiture rue de l'Échiquier, n. 14.

— Adieu! adieu! à demain, répète encore la jeune femme en pressant affectueusement la main d'Albert ; et, quittant la voiture, elle rentre aussitôt dans la maison ; le cocher referme la portière, monte sur son siège ; puis, arrivé à l'hôtel, apprend que mylord est rentré furieux contre lui. Mylord rentré, qui donc ramène-t-il alors dans sa voiture ? Il l'ouvre, regarde, elle est vide ; Albert s'était échappé durant le trajet, muni de la gibecière en maroquin de Psyché, que cette dernière avait oubliée sur le coussin de la voiture : laquelle gibecière renfermait les vingt-cinq pièces d'or données par l'Anglais.

— Ne pas avoir voulu me échapper devant votre amant, lui aurait pu croire, en cédant la place, que lord Betson il était un lâche ; moi le avoir renvoyé et rester seul ici avec vous, miss, pour reprocher votre ingratitude ; la perfidie de votre personne, et dire à vous un éternel adieu. Ainsi disait l'Anglais à Adeline ramenée à la vie par ses soins, et se promenant dans la chambre, avec les marques de la plus vive agitation; tandis que la coupable, pâle, tremblante et assise sur son lit, versait des larmes de regrets et de confusion, sans avoir la force de prononcer un mot, de faire entendre une excuse.

Par le don d'une somme immense, Betson a assuré le sort de l'infidèle, il ne réclame rien en se séparant d'elle; et lui abandonne cette preuve de sa générosité, mais lui recommande pour l'avenir une conduite plus sage et plus prudente; puis s'é- s'éloigne en détournant sa vue du geste suppliant qu'Adeline élevait vers lui en cet instant. Sur le boulevart, lord Betson regarde de tous côtés sans apercevoir sa voiture; mais, sans s'informer de ce qu'elle peut-être devenue; il regagne pédestrement sa demeure où il arrive à trois heures du matin.

— S'il y a le sens commun de rentrer à pareille heure! d'où venez-vous, Psychée? demandait Tonton en chemise, et debout au milieu de la chambre, après s'être relevé pour ouvrir à la danseuse et mettre fin à l'horrible carillon que faisait entendre la sonnette.

— Je viens d'où je viens ; je rentre lorsque cela me plaît ; car je suis ma maîtresse, j'espère? or donc, mon cher! ne m'hébêtez pas par vos questions, et allez vous coucher.

— Psychée! ma chère, quelle est cette manière impolie de répondre à un amant, à un futur époux et maître? fait entendre le danseur, en rajustant fièrement le foulard qui couvre sa tête.

— Vous mon époux ? le plus souvent ! mes idées sont changées, mon gros ; plus de mariage ; c'est trop bête. Fi donc ! un mari, des enfans, un ménage ! Toutes ces choses sont par trop incompatibles avec les arts et la liberté. Vive le célibat !!

— Psychée ! vous vous révolutionnez, je crois, ma chère.

— Mais un peu ; cela m'en a tout l'air.

— Psychée ! oublies-tu, imprudente, qu'une telle conduite peut te nuire infiniment en mon esprit ? qu'outragé par tes propos et ton ingratitude, je puis, dès ce moment, te fermer mon cœur et te retirer ma protection : alors, que deviendras-tu sans moi, ton ange tutélaire ?

— Je roulerai voiture, mon chouchou, et je deviendrai myladi.

— Psychée ! Psychée ! vous extravaguez, ma chérie.

— Du tout ; pas le moins du monde.

— Mais si.

— Mais non.

— Ah! ça, mignonne, te serait-il donc par hasard tombé un lord Betson qui, épris de tes charmes, consentirait ainsi à faire la bêtise de te prendre pour épouse légitime?

— Mais il y a quelque chose comme cela sous jeu.

— Bah! exclame Tonton en ouvrant de grands yeux et fixant la jeune femme d'un air hébété.

— Aussi, Tonton, si vous êtes docile et sage, je vous promets de vous protéger et me charge de votre fortune.

— C'est fort bien, mais, ma chérie, dans tout cela que deviendra l'amour qui nous anime l'un pour l'autre?

— Bah! c'est une niaiserie, un feu qui fume et ne flambe plus; nous jetterons une potée d'eau dessus et tout sera fini.

La fortune, mon cher Tonton, la fortune avant tout; et comme la prudence est la mère de sureté, dès demain mon cher, nous cesserons de cohabiter ensemble, de nous fréquenter en public; plus encore, comme cet appartement, tout mesquin qu'il est, devient utile à mes projets, vous me le céderez avec ses meubles et irez demeurer ailleurs.

— Par exemple! oublies-tu que ce mobilier est tout ce que je possède?

— Je vous donnerai de l'or pour vous en procurer un autre.

— De l'or! quoi tu as de l'or, ma Psyché?

— Un peu qu'on dit et vous allez voir ça, mon mignon. En disant, Psyché regarda autour d'elle, chercha sa gibecière sur les sièges, les meubles, sans l'y découvrir; ô ciel! qu'ai je donc fait de mon sac? l'aurai-je donc perdu, mon Dieu?..

— Est-ce que l'or en question était dedans, ma toute adorable? demande Tonton avec empressement et aidant lui-même à chercher l'objet égaré.

— Hélas! oui.... Ah! je me rappelle, ma gibecière est restée dans la voiture de mylord; que je suis étourdie! n'importe! je la demanderai aujourd'hui à son cocher qui sans doute l'aura trouvée sur le coussin.

— La voiture de mylord, la voiture de mylord! enfin d'où vient-il! quel est-il ce mylord? où l'avez vous trouvé, rencontré? répondez, femme infidèle, amante déloyale!

— Eh parbleu! celui que vous connaissez, l'amant d'Adeline.

— Quoi! lord Betson, celui qui donne des cent mille francs à ses maîtresses aussi facilement que j'exécute un balonné, **une** pirouette!

— Celui-là même que j'ai soufflé à Adeline; oui, lord Betson qui m'adore et doit faire ma fortune.

— Scélérate d'espiègle va! s'écrie Tonton en essayant à sourire avec finesse; puis prenant un ton sérieux et pathétique: la chose est superbe, magnifique, mais Psyché, tu n'en désespères pas moins le cœur du sensible Tonton, ajoute-t-il.

— Bah! console-toi, mon petit cafard, car Psyché n'en sera pas moins ton amie et ta bourse mieux garnie; tu vois qu'il y aura système de compensation.

— Heureusement!! soupire Tonton tendrement; et tous deux s'étant mis au lit y achevèrent la conversation.

X

Deux mois après.

Deux mois se sont donc écoulés depuis qu'Adeline, surprise en flagrant délit d'infidélité par lord Betson, a perdu l'amour et la riche protection de ce dernier, dont elle n'a même plus reçu aucune nouvelle.

Insouciante et de plus en plus éprise, ou plutôt, dominée par Albert; se croyant, par le riche présent du lord, possesseur d'un trésor inépuisable et désormais à l'abri de la gêne, Adeline a donc passé les heures rapides du temps sur les ailes du plaisir, a augmenté sa domesticité, fait emplette d'un magnifique équipage dans lequel elle promène son indolent personnage et ses riches parures en tous lieux; et cela, sans cesse accompagnée par Albert, devenu indispensable à son cœur comme à ses plaisirs. Cet homme, dépositaire de la fortune de l'imprudente, a été chargé par elle de toutes les acquisitions nécessaires à ce surcroît de luxe.

Administrateur non responsable des finances, Albert a mené les choses grandement, et chaque jour, pour énivrer et captiver sa belle, a inventé des plaisirs piquants et variés : les voyages, les bals, les courses et promenades se sont donc succédés sans relâche; plus encore, l'amant a fait acquisition, pour sa maîtresse, d'une délicieuse maison de campagne située au bois de Boulogne, l'a fait meubler richement et dans un goût exquis. Cette demeure, depuis un mois, est devenue le sanctuaire où les deux jeunes gens reviennent chaque soir se livrer au transport de leur amour, se reposer des fatigues de la ville et respirer un air pur et embaumé par l'arôme de mille fleurs diverses. Adeline n'a nulles craintes pour l'avenir, son oncle lui ayant appris que lord Betson, afin de s'assurer sa possession, avait payé des gens pour la siffler à ses débuts; ce n'était donc pas le public qui la repoussait de la scène : or ! sa chûte, œuvre d'une ignoble cabale ne devait donc pas la décourager ni l'empêcher d'essayer un second début, où sans doute l'attendait un destin plus fortuné. D'ailleurs, Albert, l'oracle de la jeune femme, approuvait encore ce second essai, l'encourageait à le tenter et lui prédisait un succès certain, du moment qu'elle aurait affaire à un public attentif. Alors il avait donc été décidé par le couple, et d'un commun accord : qu'Adeline s'occuperait des démarches nécessaires à la réussite de ce projet; qu'elle visiterait les sociétaires du Théâtre - Français, et se ferait appuyer, près d'eux, par plusieurs auteurs en nom, dont quelques cadeaux et politesses lui gagneraient la protection et le suffrage. Quant à Albert, de son côté et pour l'avenir, tout lui présageait aussi bonheur, fortune et joie : car un de ses amis, résidant en Suisse, venait de découvrir un secret merveilleux pour imiter et remplacer l'indigo; et, sur le point de vendre pour une somme considérable le procédé et le brevet, il invitait Albert à venir l'aider en cette affaire, et partager avec lui l'immense bénéfice qui devait en résulter. Tel était le sujet de l'absence du jeune homme, parti depuis six jours, après avoir engagé sa maîtresse à demeurer de préférence à la campagne le peu de temps qu'il devait rester éloigné d'elle, et lui avoir promis un retour aussi prompt que désiré.

Fidèle aux volontés de son amant, Adeline habitait donc en ce moment sa maison du bois de Boulogne, située près la porte Saint-Jame, et n'en sortait que très rarement pour aller rendre visite à quelques acteurs de la comédie française, selon ses conventions avec Albert, et afin de hâter le plus possible le second début qu'elle se proposait et que son amour-propre dépeignait à son imagination comme un jour de triomphe.

Un beau matin, la jeune femme inquiète de n'avoir reçu encore qu'une seule lettre d'Albert, s'était placée à une petite table près d'une des fenêtres de son boudoir donnant sur une avenue solitaire du bois; et s'apprêtait à tracer quelques lignes d'amour et de reproches à son négligent amant, lorsque levant les yeux et les portant sur le bois, elle aperçut un homme appuyé sur un arbre, dont le regard se tenait constamment fixé sur sa croisée. Adeline après l'avoir à son tour observé attentivement, crût reconnaître en lui les traits et la tournure de Lucien; Lucien que depuis plus de deux mois elle a refusé de voir, à qui elle a interdit sa présence et fermé sa porte sans nul ménagement et d'une manière aussi brusque qu'incivile; Lucien, que le regret de sa perte, que son indifférence rendent le plus malheureux des hommes, qui meurt loin d'elle d'amour et de douleur.

— Pauvre garçon! comme il est changé, et paraît souffrant! hélas! peut-être vient-il en ce lieu mendier un regard, un mot de ma personne? Oh! que sa présence me gêne! que sa pâleur me fait peine à voir!... Le recevrai-je?.. Non, à quoi bon, il me parlerait de sa ridicule passion, je repousserais encore et pour la millième fois un hommage que je ne puis accepter, ce serait donc augmenter sa peine; ah! il vaut mieux éviter un nouvel entretien, qu'il s'éloigne donc, car si la pitié me parle en sa faveur, le cœur reste froid pour lui. Ainsi pensait Adeline en détournant la vue et se cachant derrière la gaze de son rideau; puis, un instant après, entraînée par un mouvement de curiosité, elle reporte ses regards vers l'avenue et n'y aperçoit plus le malheureux Lucien.

— Il est parti, ah! tant mieux; car je souffrais de le savoir si près de moi. Et cette pensée à peine achevée, que la porte du boudoir s'ouvre rapidement, et que Lucien, défait et tremblant, vient tomber en larmes aux genoux de la cruelle.

— Vous, Lucien! sans vous être fait annoncer?... s'écrie Adeline surprise et contrariée avec l'accent du reproche, et reculant sa chaise de l'infortuné qui pleure à ses pieds.

— Oui, c'est moi, moi le plus à plaindre des hommes; oh! pardon! pardon, Adeline, d'avoir osé enfreindre vos ordres, d'avoir trompé la surveillance de vos gens pour arriver jusqu'à vous. Hélas! ils m'ont tant de fois chassé, les barbares.

— Vous chasser! ah! Lucien, pourquoi

cette expression?.. dites qu'en mon absence ils ont pu vous refuser ma porte, et que, sujette à de fréquentes sorties, ce désagrément a dû se renouveler souvent pour vous.

— Non, non! n'essayez point, Adeline, de rejeter sur le hasard et la fatalité les effets de votre cruauté à mon égard; vous haïssez Lucien, sa présence vous est depuis long-temps insupportable comme amant dédaigné et témoin importun; et vous l'avez chassé, je le répète, afin d'être libre de vous livrer sans contrainte à la folle passion qu'a su vous inspirer un homme indigne de vous, auquel déjà vous êtes redevable de la perte de l'homme estimable qui, avec le don de sa main, vous offrait un titre et une fortune brillante.

— Assez, monsieur, assez; venez-vous ici

pour médire des personnes que j'estime et que j'aime? j'ose l'avouer.

—Non, Adeline, non, je désirais vous admirer encore une fois, heureuse et estimable; vous contempler, avant que la misère, l'abandon, ne soient venus flétrir et vos charmes et votre cœur...

— Quel odieux pronostic! s'écrie Adeline avec dédain et frayeur; qui donc, monsieur, vous donne le droit de me jeter à la face cet ignoble avenir? quoi donc en moi vous le fait augurer?

— Les vices de votre amant, de cet homme dont depuis deux mois j'interroge le passé, dont j'épie le présent; de cet homme qui me venge de vos dédains, trop cruellement sans doute! mais qui fera de vous la femme la plus malheureuse.

— Mon Dieu que vous m'effrayez, monsieur! Ah! maudit soit votre présence et vos affreuses calomnies.

— Merci, merci, Adeline, de ta malédiction, elle est horrible à mon cœur; mais peut-être aidera-t-elle à étouffer les tendres sentimens qu'il éprouve pour toi depuis tant d'années ; mais comme il t'aura trop aimé d'amour pour que tu lui sois jamais indifférente, viens me trouver, Adeline, ou appelle moi près de toi lorsque le malheur sera ton partage et j'accourrai aussitôt t'offrir mes secours et mes consolations, et Lucien partagera en frère avec toi ce que le ciel lui a envoyé de fortune.

Adeline, ne répond rien à ces paroles, et, quoiqu'émue et dévorant ses larmes, elle s'efforce de paraître froide et indifférente.

— Tu m'as entendu, Adeline, ce que je te promets aujourd'hui je le tiendrai le jour où tes yeux se lèveront vers moi mouillés et repentans des maux que tu m'as fait, reprend Lucien d'une voix émue, et fixant sur la jeune femme un regard de compassion.

— Or donc, monsieur, à quand ajournez-vous ce moment de détresse et d'humiliation ? répond enfin Adeline.

— A bientôt, pauvre femme ! car la patience des créanciers est de peu de durée, et leurs droits en justice prompts à s'exécuter.

— Vous êtes fou, monsieur ; car je n'ai pas de dettes, et ne crains nul créancier. Bientôt, au contraire, une somme immense doit venir quadrupler celle que je possède déjà, et qui, à elle seule, suffirait au-delà de mes besoins ; quant à ce surcroît de fortune, ce n'est autre que la riche dot que m'apporte en mariage monsieur Albert de Mouvra, de qui l'union avec moi doit se conclure d'ici à peu de temps; enfin, aussitôt le retour du voyage qu'il fait en ce moment...

— Et dont il ne reviendra pas, dit Lucien d'un ton solennel.

— Qu'osez-vous dire, monsieur? Albert ne reviendra pas?..

— Non! près de toi du moins, Adeline.

— Oh! vous perdez la tête!

— Et vous, votre temps à l'attendre.

— Mais qui donc le retiendra?... demande Adeline avec impatience.

— Je pourrais te l'apprendre, Adeline; mais ce serait trop t'accabler en un jour.

— Parlez, parlez! je ne crains rien, monsieur; votre silence seul me serait funeste après de telles atteintes.

— Non, te dis-je, fais-moi grâce de te voir souffrir sitôt, et anticiper sur les peines que te prépare un funeste amour.

—Mais dites donc, monsieur! vous me faites mourir cent fois, parlez! ou je vous qualifie d'imposteur, et vous fais chasser par mes gens! s'écrie Adeline hors d'elle en saisissant la main de Lucien avec vivacité et le fixant avec colère.

—Me faire chasser! Ah! vous n'aurez point cette peine, madame; adieu, adieu, mais non pour toujours. En disant, Lucien s'était levé avec promptitude, et se dirigeait vers la porte.

—Lucien! oh! par grâce! ne me laissez point dans cette horrible indécision, pardonnez ce que mes paroles ont eu d'offensant, et n'en accusez que mon exaspération; demeurez, au nom du ciel, et apprenez à votre coupable amie les chagrins qui la menacent.

— Non, tu n'en croirais pas ma bouche, tu me traiterais d'imposteur; attends, attends encore,. car nous nous reverrons, Adeline, et ça à ton premier chagrin; alors le voile qui te cache la perfidie de ton amant se sera soulevé, et tu pourras me croire. Puis, achevant ces mots, Lucien, sans plus d'égards aux prières que lui adresse Adeline les mains jointes, s'éloigne aussitôt avec rapidité.

Adeline, pâle, tremblante, anéantie, rentre dans le boudoir qu'elle avait quitté poursuivre le jeune homme, que sa marche forcée avait bientôt dérobé à ses yeux. La jeune femme, triste, émue, se jette sur un siége, et s'y livre long-temps à ses amères réflexions. Serait-ce possible qu'Albert fût un perfide, qu'il abusa de son amour et de sa confiance? Oh non! rien jusqu'alors ne le lui a prouvé: car ses caresses étaient brûlantes, ses regards d'une tendresse extrême, et son langage, celui de l'estime et de la passion la plus vraie. Alors, que prétend donc ce Lucien, avec ses menaces, ses pronostiques de perfidie, de misère et de malheur? se venger peut-être en l'inquiétant par de faux rapports, et l'indisposer contre son amant; le maladroit!! il ne sait donc pas combien elle l'aime, combien il lui faudrait de torts, de perfidie pour que la passion qu'il a su lui inspirer, éprouvât quelque atteinte dans son cœur? Ainsi pensa la jeune femme, et, presque rassurée sur ses craintes, elle se remit à son bureau, et traça pour Albert l'épître la plus tendre et la plus brûlante, où le désir de le revoir bientôt de retour se peignait de la plus vive impatience.

Attendons encore quelque temps pour connaître et juger l'importance des menaces de Lucien; et, oubliant un instant Adeline que nous laisserons dans sa riche villa avec son amour et ses rêves de félicité, rétrogradons un peu et sachons si Psyché fut exacte le lendemain au rendez-vous que lui avait murmuré le faux lord dans la voiture qui la ramenait chez elle. Après avoir achevé la nuit dans un accord parfait, avoir scellé la paix par d'amoureuses caresses, Tonton et sa maîtresse s'étaient levés d'assez bonne heure; puis, après le café et la tartine de pain rôti, ouvrage ordinaire de Psyché, mais dont cette fois elle s'était acquittée en murmurant et prétendant que cela lui abîmait les mains, la jeune femme, sans même daigner débarrasser la table ni rétablir l'ordre dans le ménage, s'était installée devant la glace et livrée avec attention et coquetterie au soin de sa coiffure.

— Quoi! si matin, mignonne; aurions-nous des projets?...

— Tout juste, et des projets superbes,

mon Tonton; enfin l'entreprise, ou plutôt la continuation de notre fameuse conquête.

— Ah! oui, j'avais oublié le lord Betson?

— C'est toi qui l'a nommé! exclame Psyché avec emphase.

— Hum! savez-vous bien, belle amie, qu'après mûres réflexions, je trouve, ne vous en déplaise, que vous allez me faire jouer un rôle des moins délicats?

— C'est possible; car le vilain de l'affaire existe tout entier dans le partage convenu entre nous cette nuit; mais refuse-le, n'accepte rien, et ton rôle devient magnifique et jeune premier; tu seras alors un amant sacrifié, position superbe et des plus dramatiques.

— Oh! superbe, j'en conviens; mais, sacrifié pour sacrifié, j'aime tout autant l'être avec bénéfice.

— Pas mal raisonné du tout, fait Psyché; puis reprenant : laisse-moi donc alors, cher ami et associé, agir selon l'intrigue; et, te tenant coi, ne parais qu'au moment opportun. A propos, il me vient une idée superbe, ajoute Psyché.

— Bah! laquelle? fait Tonton.

— Si le lord m'épouse et m'enmène en Angleterre, je fais tous mes efforts pour te faire nommer directeur de l'Opéra de Londres.

— Fameux! fameux! s'écrie Tonton; vraiment, poulette, tu es une femme inappréciable, incomparable, et sublime d'imagination. C'est que cela m'irait à ravir, une telle direction...

— Tonton! venez ici, et lacez-moi.

— A tes ordres, ma bayadère.

— Tonton, ai-je assez de hanche comme ça?

— Mais, oui; cependant...

— Ah! je devine; un polisson plus fort, n'est-ce pas?

— Il ne nuira pas à l'effet.

— Et la gorge, Tonton, ai-je besoin d'y ajouter un peu de ouatte, qu'en dis-tu...?

— Hum! pas trop, ma chérie.

— Voyez, Tonton, combien me serait utile aujourd'hui la robe de gros de Naples écossais que vous promettez de m'acheter depuis six mois! Vilain grigou, va! il est grand temps, ma foi, que je pense à me créer une fortune indépendante.

— Dam! mignonne...

— C'est bon! maintenant, mon châle... Non, pas de châle : les couleurs du mien sont par trop fanées; mon fichu à la Charlotte Cordai, n'est-ce pas?

— Ça ne t'ira pas mal.

— Tonton, mon chapeau..... Dieu! qu'il est galette!

— Mais non, d'un rose pâle, voilà tout.

— Actuellement, trésor, tu vas me donner de quoi payer une voiture; car véritablement je ne puis me présenter crottée chez un pair d'Angleterre.

— Cela va sans dire, ma chérie... voilà cinquante centimes pour prendre l'omnibus.

— L'omnibus! fi donc! passe pour la sylphide; mais l'omnibus, quelle horreur! la voiture des indigens!

— Psyché! Psyché! vous devenez diablement petite-maîtresse, et s'il ne s'agissait en ce moment d'un sort brillant pour vous, je pourrais bien trouver à redire sur votre raffinement d'amour-propre, dit Tonton en déposant lentement une pièce de trente sous sur la cheminée. Ah ça! bonne réussite, belle amie; quant à moi, en attendant un sort plus fortuné, je me rends, selon mon devoir, à ma classe de danse.

— Allez, Tonton, allez; et surtout n'oubliez pas de répandre adroitement dans les classes du Conservatoire le bruit de ma bonne fortune; de préférence celles des femmes, entendez-vous?

— Oui, chouchoute, je n'aurais garde d'y manquer.

Quelques mots encore, et Tonton s'éloigne après avoir cueilli un baiser sur la bouche rosée de la danseuse. Psyché, affublée de son mieux, ne tarde pas à se mettre en route, fait emplette d'un morceau de pâte ferme chez le pâtissier du Gymnase, et saute ensuite dans un omnibus, malgré son prétendu mépris pour cette sorte de voiture. Peu après, la machine roulante déposa notre danseuse au faubourg du Roule et en face l'hôtel du lord.

Fin du premier volume.

LIBRAIRIE DE CHARLES LACHAPELLE.

LES NUITS DE VERSAILLES,

ou

LES GRANDS SEIGNEURS

EN DÉSHABILLÉ.

ESQUISSES PITTORESQUES,

Recueillies sous MM. les lieutenans de police de La Reynie, d'Ombreval, Hérault, Le Voyer d'Argenson, Sartines, Lenoir, Berrier, etc.

PAR E. GUÉRIN.

QUATRE VOLUMES IN-OCTAVO.

Versailles !!! ce nom résume à lui seul deux siècles d'illustration dont la France s'honore ; Versailles fut le berceau de toutes ses gloires, le foyer où elles venaient se raviver à l'ombre de ce soleil des humains, qui alors s'appelait le pouvoir absolu, c'est-à-dire Louis-le-Grand, et plus tard, le pouvoir débonnaire sous le règne du *Bien-Aimé*; Versailles, comme le fit Louis XIV, acquit une grande importance, et tandis que la bonne ville de Paris, la capitale aux mille ressources, restait plongée dans une torpeur, d'où les luttes courageuses des parlemens ne purent la faire sortir, Versailles voyait s'accroître chaque jour sa brillante population de seigneurs et de financiers, d'officiers de tous les grades et d'administrateurs de tous les rangs.

On avait un hôtel à Paris, où on ne logeait jamais, et un pied-à-terre à Versailles, qu'on habitait toute l'année. La cour ne faisait que de rares excursions dans les châteaux du domaine royal, aussi l'affluence des courtisans, des solliciteurs et des provinciaux était toujours la même à Versailles; hôteliers et taverniers, barbiers-étuvistes et maîtres de tripots non autorisés, tous ces gens-là faisaient rapidement de grosses fortunes qui, de nos jours, et grâce au merveilleux Musée Louis-Philippe, pourront se renouveler, et dédommager la classe industrielle de cette ville, du sommeil léthargique et ruineux que les journées d'octobre de 89 lui imposèrent, comme pour la punir de sa scandaleuse opulence et de sa brillante prospérité.

Nos chroniqueurs nous ont montré déjà Versailles, à l'OEil-de-Bœuf; Versailles, officiel et paré, qui ne sortait qu'après avoir mis son rouge et ses mouches, et rattaché les nœuds de ses rubans; il restait à peindre, à retracer les *Nuits de Versailles* sur lesquelles on a glissé pour ne point éveiller les susceptibilités ombrageuses de la camarilla, toute-puissante pendant les dernières années de la restauration.

Versailles galant et bigot sous le grand roi, joueur et libertin fieffé pendant un règne qui précéda la tourmente révolutionnaire, Versailles ressemblait à la maison de verre du philosophe de l'antiquité : rien ne s'y faisait qu'on ne le sût aussitôt chez les La Reynie, les d'Argenson, les Lenoir et les Sartines qui faisaient relater, par des scribes obscurs, les peccadilles venues à leur connaissance, afin de s'en servir dans l'occasion.

Dame police avait déjà des raffinemens ingénieux dans sa manière de surveiller ceux qu'on lui désignait du doigt.

En publiant nos *Nuits de Versailles*, nous avons voulu combler une lacune qui existe dans nos chroniques si riches de faits et d'évènemens; le cadre, que nous avons choisi, nous permet de mettre en relief les grands seigneurs de ces deux siècles, de les représenter, non plus guindés et soumis aux exigences de l'étiquette, mais dans le secret de l'intimité, alors qu'ils ne jouaient plus cette ennuyeuse comédie appelée *vie sociale*. Bien des révélations piquantes, des anecdotes, que nous saurons couvrir d'un voile pudique, des secrets de famille, enfouis jusqu'à ce moment, surgiront de notre publication, pour laquelle nous avons fait d'utiles et de précieuses recherches ; nous inquiétant peu des récriminations qu'elle pourra soulever, nous entrons en lice, en criant :

Honni soit qui mal y pense !

Les Nuits de Versailles formeront quatre beaux volumes in-octavo, imprimés avec soin.

La première livraison, composée de deux volumes, paraîtra le 15 novembre prochain.

LACHAPELLE.

LAGNY. — IMPRIMERIE D'A. LE BOYER ET COMPAGNIE.

NOUVELLES PUBLICATIONS SOUS PRESSE :

Les **MEMOIRES DE LA MORT**, par Carle Ledhuy; 2 vol. in-8, 15 fr.

La **DUCHESSE DE VALOMBRAY**, par madame Junot d'Abrantès ; 2 vol. in-8, 15

Les **SOIRÉES DE TRIANON**, par E.-L. Guérin, auteur des *Nuits de Versailles*; 2 vol. in-8, 15

Les **VIEUX PÉCHÉS**, par Auguste Ricard et Maximilien Perrin, 2 vol. in-8, 15

La **PRINCESSE LAMBALLE** et **MADAME DE POLIGNAC**, par E.-L. Guérin, 2 v. in-8, 15

Le **MOUTARD** et sa **GRANDE SŒUR**, roman de mœurs, par Auguste Ricard, 2 vol. in-8, 15

Le **BOUQUET DE LA REINE**, roman historique par Amédée de Bast; 2 vol. in-8, 15

La **CLOCHE DU TRÉPASSÉ**, par le baron de La Mothe-Langon ; 2 vol. in-8, 15

MÉMOIRES D'UN FROTTEUR DE LOUIS DIX - HUIT ET DE CHARLES DIX, publiés par son fils l'avocat, et rédigés par Touchard-la-Fosse; 2 vol. in-8, 15

Le **MARI DE LA COMÉDIENNE**, roman de mœurs, par Maximilien Perrin, 2 vol. in-8. 15

La **PLACE ROYALE**, ou MILLE ÉCUS DE RENTE par Auguste Ricard, 2 vol. in-8. 15

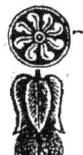
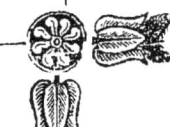

E. Dépée, imprimeur à Sceaux.

www.ingramcontent.com/pod-product-compliance
Lightning Source LLC
Chambersburg PA
CBHW070436170426
43201CB00010B/1114